Josep Redorta

La estructura del conflicto

El análisis de conflictos por patrones

ALMUZARA

Primera edición: enero de 2018

EDITORIAL ALMUZARA • COLECCIÓN SOCIEDAD ACTUAL
Director editorial: ANTONIO E. CUESTA LÓPEZ
Edición de ANTONIO DE EGIPTO

Imprime: GRÁFICAS LA PAZ

ISBN: 978-84-17229-52-8
Depósito Legal: CO-2615-2017

Hecho e impreso en España — *Made and printed in Spain*

A todos aquellos inquietos por conocer mejor lo que nos pasa con los demás, que ven en el estudio de los conflictos un campo de mejora para un mundo convulsionado.

ÍNDICE

Índice de gráficos

PRÓLOGO GENERAL

Josep Mayoral
Alcalde de Granollers

Vicepresidente de Alcaldes por la Paz

Josep Redorta nos invita a profundizar en la comprensión y la gestión del conflicto en su nuevo libro. Un campo en el que este granollerense es un reconocido experto y al que ha dedicado una gran parte de su carrera profesional. Una obra que se suma a sus ya numerosas publicaciones dedicadas a difundir conocimiento sobre la resolución pacífica de los conflictos.

El autor desarrolla una metodología propia en el análisis de conflictos. Porque, nos dice, nuestra primera responsabilidad tiene que ver con la comprensión de lo que sucede. Si los análisis son correctos, si el problema está bien planteado, entonces las soluciones parecerán más fáciles y abordables.

Redorta nos propone en este libro herramientas que serán sin duda de gran utilidad para los que se dedican profesionalmente a este campo, pero también de consulta para todas las personas que desean ampliar sus conocimientos sobre los mecanismos de relación entre personas.

Vivimos tiempos convulsos. Vemos como el Mediterráneo se ha convertido en un inmenso cementerio. Miles de personas muertas, huyendo de las guerras, huyendo de la pobreza extrema, huyendo de la injusticia, buscando una vida digna. Nos sentimos consternados cuando la violencia estalla en nuestras ciudades. Asistimos a conflictos de convivencia demasiado a menudo en nuestros barrios. Y, al mismo tiempo, tenemos la convicción de que desde las ciudades podemos contribuir a encontrar soluciones a los grandes retos a los que nos enfrentamos.

Necesitamos una reflexión colectiva sobre cómo construir ciudades de paz. Ciudades que garanticen los derechos de todos los ciudadanos, abiertas y acogedoras. Ciudades inclusivas, gobernadas desde el diálogo y la proximidad. Construidas con la participación de todos sus habitantes. Donde la educación es la clave para erradicar la violencia y construir una convivencia pacífica.

Tal y como afirma Josep Redorta en su introducción, necesitamos nuevas formas de pensar, nuevas habilidades para que emerja el paradigma de la pacificación. Somos muchos los municipios comprometidos con la paz, que trabajamos para hacer de la palabra la única herramienta válida para resolver los conflictos. Somos muchos los ciudadanos que condenamos todo uso de la violencia.

Hace unos meses, en abril de 2017, tuvo lugar en Madrid el Foro Mundial sobre Violencias Urbanas y Educación para la Paz. Un encuentro para reflexionar sobre las distintas violencias que existen en las ciudades. Para debatir sobre las vías para erradicarlas. Y para compartir prácticas capaces de avanzar hacia culturas de paz y no violencia. Entendiendo la paz como una cultura que enfatiza las capacidades que tenemos los seres humanos para transformar los conflictos mediante la palabra, el diálogo.

Allí nos reunimos representantes de gobiernos locales, de organizaciones de la sociedad civil, de organismos internacionales, de la Academia. Identificando las ciudades como el ámbito idóneo para construir espacios de paz. La ciudad es nuestro espacio de relación, diverso y activo, fuente de creatividad. Es el espacio donde proyectamos nuestras inquietudes, donde construimos comunidad, pero también donde se viven tensiones, confrontaciones de intereses.

La transformación de los conflictos mediante el diálogo y la negociación se nos presenta, desde este punto de vista, como la única solución válida para resolver nuestras diferencias, nuestros desacuerdos, de forma pacífica. Porque no se trata de pretender eliminar el conflicto, el conflicto existirá siempre, sino de promover e implantar las vías para gestionarlo.

Impulsar instrumentos de mediación y concertación social es una responsabilidad de los gobiernos locales que fue destacada en el documento final del Foro «El compromiso de Madrid». Los participantes se comprometieron, entre otras medidas, a establecer instrumentos de mediación y educación que generen habilidades para la resolución de conflictos de forma no violenta, con la participación de todos los actores involucrados.

Unas medidas que muchos municipios estamos incorporando. Reconociendo el valor que aportan los profesionales en la gestión y resolución de conflictos al trabajo del día a día de una organización municipal. Por ello, disponemos de servicios de mediación para acompañar a la ciudadanía en la búsqueda de soluciones. Reivindicamos el papel de la Ciudad Educadora. La educación es la esperanza para avanzar hacia una sociedad de hombres y mujeres cada día más libres, cada día más responsables. Capaces de ser arquitectos de su propio futuro. Estamos convencidos de que las claves para la convivencia residen en la ciudadanía y se deben construir a través de la promoción del diálogo y del conocimiento de los problemas específicos.

Se trata, al fin, de resolver conflictos, de gestionarlos y de transformarlos. Un campo que el autor conoce bien, como nos demuestra este libro, donde nos ofrece una nueva herramienta para profundizar en este ámbito.

PRÓLOGO ESPECIAL

Ramón López de Mántaras
Director del Instituto de Investigación en Inteligencia Artificial del Consejo Superior de Investigaciones Científicas

En este libro, Josep Redorta nos presenta un novedoso enfoque al análisis de conflictos basado en patrones. El argumento principal es la importancia de llevar a cabo un análisis de los conflictos inspirado en métodos científicos y, en particular, en lo que denomina como «ciencias morfológicas». Efectivamente, nos convence de que es necesario tener en cuenta la morfología de los conflictos a la hora de analizarlos constatando que los conflictos siguen patrones reconocibles de tal forma que muchos se parecen, aunque, obviamente, no sean exactamente iguales, y argumenta que este hecho conviene explotarlo con el fin de facilitar el proceso de resolución. Dicho de otra manera, un análisis adecuado de los conflictos en base a su tipología debería permitir mejorar la toma de decisiones, con el fin de gestionarlos apropiadamente.

Es especialmente interesante el estudio que hace el autor acerca del papel que puede llegar a jugar en este enfoque las técnicas que proporcionan diversas áreas del conocimiento y en particular la Inteligencia Artificial (IA). Efectivamente, una de las fortalezas de la IA es su capacidad de automatizar el proceso de clasificación de conflictos mediante reconocimiento de patrones en base al análisis de datos. También otras técnicas de IA, como, por ejemplo, el «Razonamiento por Analogía» basado en cálculos de similitud, se pueden aplicar como herramienta de ayuda a la resolución de conflictos una vez clasificados.

En definitiva, este libro constituye una muy valiosa aportación a la temática de la resolución de conflictos, apoyada en un nuevo paradigma metodológico de análisis basado en patrones.

PRIMERA PARTE

HACIA UN NUEVO PARADIGMA EN EL ANÁLISIS DE CONFLICTOS

El análisis de conflictos es un campo
en busca de una identidad

Druckman, D.

1. INTRODUCCIÓN

La percepción generalizada de que nuestro mundo funciona mal se ha extendido por la sociedad en pocos lustros y de forma alarmante. Ilustres pensadores nos vienen advirtiendo de los peligros que corremos por diversos motivos. Y una sensación de desesperanza nos está invadiendo.

Crisis económicas y financieras, guerras, terrorismo, desarrollo de armas con capacidades nunca imaginadas, etc., se acompañan de mecanismos sociales más sutiles, pero efectivos. Investigación no orientada a fines pacíficos, conflictos de intereses con multinacionales, privatizaciones de servicios básicos, contaminación del medio ambiente, robots *versus* puestos de trabajo, conflictos con el agua, y tantos más.

El caldo de cultivo es global y nos afecta a todos de manera insidiosa. Muchas de estas grandes temáticas habían sido tratadas en los estudios de paz y habían sido definidas por Johan Galtung[1] como «violencia estructural».

Y, junto a todo ello, movimientos sociales de diverso tipo tratan de abrirse camino en este entorno hostil, con nuevas ideas que luchan contra esquemas que ya se nos antojan caducos en los ámbitos de la política, la economía y la ciencia. Vemos como nuevas tecnologías están cambiando aceleradamente los cimientos de la vida misma, del espacio y del tiempo.

Esto, y mucho más, repercute en nuestra forma personal de ser y en nuestro entorno más directo. Luchamos por identidad, por reconocimiento, por recursos, por influencia social, etc., y así nuestras vidas están en permanente conflicto.

---

1 *GALTUNG, J. (1995). Investigaciones teóricas*, p. 314.

«¿Hacia dónde va el mundo?», se preguntaba hace diez años el reconocido pensador francés Edgar Morin[2]. «¿Vamos hacia el abismo?», se volvía a preguntar. El encegamiento ante el presente nos hace, *ipso facto,* ciegos ante el futuro, se respondía[3].

Estamos en una situación en la que nada se puede predecir con seguridad y todo se puede presagiar con condiciones. Ahora mismo no hay un norte y el mito del «progreso» a cualquier precio ha sido derribado. Una crisis no es otra cosa que una profunda progresión de incertidumbres. A día de hoy, la batalla se libra en la mente. En los marcos mentales, en nuestra forma de pensar la vida. En nuestra forma de pensar al otro, a los demás.

Y todo esto, ¿qué nos está diciendo? Que todo el ámbito de los grandes y pequeños conflictos, de lo que hay que hacer y de lo que no hay que hacer, tiene en este momento histórico una relevancia mal considerada. William L. Ury, reputadísimo antropólogo de la Universidad de Harvard, creador de un modelo de negociación de uso universal junto a Roger Fisher, hablaba así ya en el año 2000[4]:

> «Soy antropólogo, un antropólogo preocupado. Estoy preocupado porque la tribu que estudio se encuentra en peligro. Si bien es frecuente que un antropólogo estudie tribus en peligro, esta no es una tribu extranjera. Es la mía. No se trata de una pequeña banda. Es la tribu humana. El peligro no proviene del mundo exterior. Viene desde el interior: de la costumbre de caer en conflictos destructivos, a menudo mortales, cada vez que aparece una diferencia grave entre dos personas, dos grupos o dos naciones».

Vemos, pues, que Ury pone en la forma de resolver las diferencias, el eje de su preocupación. Su punto de vista es rotundo: «Hoy día no hay ningún desafío más importante

---

2 MORIN, E. (2009). *On va el món? Cap a l' abisme?* p. 11 y 85.

3 *Ib.*, p. 18.

4 URY, W. (2000). *Alcanzar la paz,* p. 17.

que el de abordar nuestras diferencias»[5]. Esto decía al iniciar el milenio. Mucho nos tememos que las cosas han empeorado bastante más desde entonces.

La paz y la guerra están ambas en la naturaleza humana, pero no le damos tanta importancia a la paz como a la pelea y al enfrentamiento. Si un paradigma debe emerger de inmediato, es el de la pacificación, pero eso supone nuevas formas de pensar, nuevas habilidades, correr riesgos aunque sólo sean intelectuales.

La forma de pensar sobre los conflictos que tenemos está resultando netamente insuficiente para abordarlos. Conviene abrir nuevos caminos, aun a riesgo de equivocarnos. No hacerlo puede derivar claramente en un error mayor. Pero ¿podemos hacerlo desde nuestra individualidad? El refranero nos da una respuesta: Un grano no hace granero, pero ayuda al compañero.

Nuestra primera responsabilidad tiene que ver con la comprensión de lo que sucede. Si nuestros análisis son correctos, si los problemas están bien planteados, las soluciones parecerán más fáciles y abordables. De ahí que invitemos a trabajar en el campo del esfuerzo mental, para levantar barreras y trazar objetivos más allá del horizonte inmediato.

El esfuerzo que venimos realizando tiene, sin duda, insuficiencias relevantes, pero en cualquier caso también una virtud: innovar en un campo —el de la mejor comprensión del conflicto— a partir de generar paradigma, modelo y metodología.

Llevamos ya más de quince años trabajando sobre la base de que los conflictos, dentro de su enorme variabilidad, siguen patrones fijos. Desde los primeros planteamientos publicados en el año 2004, hemos contrastado en la práctica que este camino no ha hecho sino reforzarnos en una idea: que la correcta implementación metodológica de las propuestas que expondremos, puede y debería fructificar. Nos hace falta más teoría y más práctica, pero sobre todo acción. El riesgo de equivocarnos es menor ante el tamaño del reto.

---

5 *Ib.*, p. 23.

Hemos desarrollado un modelo integral que pretendemos válido para cualquier clase de conflicto. Su valor es estimativo, como lo es todo lo que se relaciona con el campo de la interacción humana y las personas. Vamos a ver una metodología ya conocida, y ahora perfeccionada en algunos aspectos, con la convicción de que las ideas por sí solas no sirven si no tenemos «un clavo donde colgarlas». Deseamos ensayar y compartir.

La secuencia análisis-pronóstico-intervención respecto de una situación de conflicto, nos parece que —contra toda lógica— se ha invertido. Si examinamos la literatura en conflictología, descubriremos con asombro que hay más material respecto de cómo resolver un conflicto, que sobre cómo comprender suficientemente sus raíces. El análisis de conflictos es un campo que empieza a perfilarse ahora mismo.

En lo que se refiere a pronóstico, podemos afirmar que es un territorio prácticamente no investigado, lo que no deja de ser lógico si somos conscientes de la insuficiencia de nuestras metodologías de análisis. Es ahora cuando, desde el Paradigma de la Complejidad, la Neurobiología y la Inteligencia Artificial, están apareciendo los primeros indicios de que el panorama va a cambiar.

Precisamente por esa razón, hemos de sacar mayor partido de las teorías de alcance medio que explican partes importantes de situaciones de conflicto. Las mismas, siquiera parcialmente, nos ayudan a centrar la intervención para resolver conflictos.

Encontraremos en estos puntos de vista teóricos una importante fuente de inspiración. Lo que llamamos «procesos subyacentes al conflicto» nos sirve para señalar planteamientos que tantas veces la psicología, la lingüística, el derecho y la sociología ya han puesto de manifiesto con acertadas investigaciones.

La herramienta que en su día llamamos *Conflict Analysis Tipology* © y que en su versión mejorada presentamos aquí, estimamos que contiene una base sólida y ordenada de la técnica que hemos denominado «análisis de conflictos por patrones». Permite la modelización de muchos conflictos y, en su versión tecnológica, estimar probabilidades de gestión eficaz de los mismos.

Finalmente, fieles a nuestra manera de combinar teoría y práctica, y como ya hicimos en obras anteriores, hemos señalado, hacia el final de nuestro trabajo, algunas herramientas que pueden ser de utilidad para situaciones concretas y puntuales en el proceso de resolución de conflictos. Los lectores siempre nos lo han agradecido.

2. LA FUNCIÓN DE LOS CONFLICTOS

Si los conflictos no tuvieran ninguna razón de ser, simplemente no existirían. Pero, lo cierto, es que tienen una importante función adaptativa. La persona precisa encajar en su entorno desde el primer momento y esto supone un equilibrio entre necesidades diversas y quienes proveen esas necesidades.

Típicamente, los conflictos son vistos como un estorbo, como algo que molesta en nuestras intenciones, mal o bien expresadas, de obtener algo. Sin embargo, la función social del conflicto es importantísima.

El conflicto produce tensión emocional. Reservamos la palabra «problema» para aquellos supuestos en los que la tensión emocional es baja o muy baja, y la solución puede obtenerse por una vía racional, sin mayores implicaciones.

Si ese conflicto es intrapersonal, tiene que ver con nosotros mismos, es probable que sea un «dilema»; una situación que no sabemos cómo manejar ni cuál es la solución más acertada, pero que corresponde a nuestro ser interior.

Cualquier conflicto cumple varias funciones, por ejemplo, pone a las partes en relación. Quienes antes no se relacionaban, ahora, con ocasión de que hay que resolver una particular situación, comienzan a relacionarse.

Otras veces, el conflicto sirve para medir el estado de la relación de poder entre las partes enfrentadas. O bien pone de manifiesto necesidades psicológicas profundas, como romper rutinas en la relación, etc.

Desde otros puntos de vista, el conflicto hace emerger nuevas habilidades para intentar resolverlo y también produce innovaciones al buscar soluciones distintas de las existentes.

Encontramos, pues, aspectos positivos y negativos en los conflictos. Pueden tener un ciclo constructivo y un ciclo destructivo a partir de cierto nivel. O, también, debemos darnos cuenta de que determinado índice de conflicto puede ser estimulante para los objetivos generales de una organización, e incluso en las relaciones interpersonales, ya que permite el crecimiento personal a partir de su afrontamiento adecuado.

Resumamos algunos de los aspectos positivos de los conflictos:

1. El conflicto es un motor de cambio personal y social. Las ideas de cambio y conflicto están muy vinculadas. Cabe precisar que el cambio puede ser evolución o revolución.
2. También estimula el interés, la curiosidad y la necesidad de comunicación entre las partes en la fase inicial del ciclo conflictivo.
3. Enmarca un grupo frente a otro y de esta manera contribuye claramente a la cohesión interna de los grupos enfrentados.
4. El proceso de resolución de los conflictos tiende a estimular la creatividad con nuevas propuestas a valorar. Esto es particularmente cierto en las fases menos competitivas del proceso de solución del mismo.
5. Una importante función es que facilita la comunicación abierta sobre temas relevantes para las partes. Digamos que las cuestiones salen a la luz de otra manera a raíz del conflicto iniciado.
6. Las diferencias aparecidas fomentan el reconocimiento de la legitimidad del otro y de sus intereses.
7. En los grupos enfrentados, claramente decae la confianza en la relación intergrupo y se incrementa en el seno de cada grupo frente al otro.

Resumamos algunos de los aspectos negativos del conflicto:

1. La comunicación se reduce y se va haciendo más insegura, tiende a distorsionarse y las palabras parecen cobrar nuevo sentido.
2. Se estimula la idea de que la solución es una cuestión vinculada a las relaciones de poder. Lo cierto es que el poder puede ser ejercido de muy diversas maneras y las partes tienden a implicarse en ello.
3. Surge una actitud hostil y sospechosa que incrementa las diferencias y disminuye la conciencia de similitudes. Al crecer la desconfianza, las partes tienden a separar sus posiciones de partida.
4. También se producen juicios erróneos sobre el otro, las percepciones se distorsionan, aparecen el estrés y la tensión, así como actitudes estereotipadas y defensivas. El pensamiento se polariza y se ven menos opciones de solución o alternativas.

Podríamos decir, sin muchas dudas, que la visión negativa que tenemos de los conflictos tiene mucha relación con el desgaste emocional que generan los mismos.

Sin embargo, frecuentemente ignoramos aquel conocido refrán de que «no hay mal que por bien no venga». Una gestión adecuada de las situaciones emocionales que los conflictos provocan, tendrá mucho que ver con el éxito de la gestión de la situación conflictiva.

3. QUÉ HACER ANTE UN CONFLICTO

Toda persona que por un motivo u otro tiene que hacer frente a una situación conflictiva pasa por un período de alerta, a veces inconsciente pero casi siempre consciente, que sirve para preparar la actuación inmediata. Este período tiende a reflejarse en cierto grado de estrés o ansiedad.

En esta situación aparecen las propias contradicciones, se refleja la propia experiencia en situaciones de abordaje difícil y aparece también el propio estilo de afrontamiento de los conflictos[6].

Uno de los principales fenómenos que aparecen es el temor. Dudamos sobre cuál es la mejor manera de hacer frente a la situación, tendemos a actuar por impulso en función de lo que esté ocurriendo.

En esta etapa previa a enfrentarse a la situación de conflicto es cuando deben emerger nuestras habilidades para hacer frente a la situación, sea la que sea. La mente es rápida y hay decisiones que tomamos casi sin darnos cuenta: dejar el asunto para mañana, consultar a alguien, ponernos agresivos, dejar pasar el caso, etc.

Lo evidente es que, en las conversaciones difíciles y en la toma de decisiones en situación de dilemas y de intereses confrontados, se ponen en juego las habilidades de todas las partes.

En la literatura de Recursos Humanos, vinculada al mundo de las organizaciones, existe actualmente una exigencia para los ejecutivos: deben tener competencia en gestión de conflictos. En otras palabras: *Conflict Management skills*[7] es ya exigencia de las organizaciones más avanzadas, sometidas a procesos de cambios acelerados.

Las habilidades de comprensión de los conflictos, de negociación, de comunicación y mediación, están y lo seguirán estando cada vez más en el centro de las preocupaciones de la gestión de personas. La inteligencia emocional, la creati-

---

6 En la parte cuarta de este trabajo hay un detalle de los estilos de afrontamiento de conflictos.

7 *Conflict Management skills* en su traducción al español son las habilidades de gestión de conflictos.

vidad, la capacidad de atribuir responsabilidades, el afrontamiento de los conflictos de rol, etc., irán ocupando un lugar cada vez más relevante en los programas de formación.

No solamente esto va a ser así, prevemos que el diseño de sistemas integrados de resolución de conflictos en las organizaciones va a tomar un fuerte impulso en los próximos años. Nótese que a nivel individual cada vez aparecen más programas dedicados a hacer frente a necesidades específicas vinculadas al manejo de situaciones emocionales, creatividad, etc.

En el año 2011[8] tratamos de formular un marco integrado que fuera simple para todo el mundo, y con cierta capacidad de resumir lo que debería ser una actitud coherente o una línea de trabajo adecuada para hacer frente a las situaciones de conflicto. Al modelo basado en la observación y en la práctica social lo denominamos en su día S.E.D.A., porque entendimos que reflejaba cuatro verbos clave en la gestión de conflictos: saber-entender-decidir-actuar.

Aprovechamos también que la palabra «seda» se refiere a un tejido cuya textura, fuerza y flexibilidad es una buena metáfora de lo que precisamos en nuestro campo.

Otra denominación mnemotécnica puede ser «Modelo 4C», porque otros cuatro verbos nos pueden ayudar a recordar las cuatro etapas básicas de todo proceso de planteamiento de solución de un conflicto: CONOCER, COMPRENDER, COMBINAR y CONDUCIR.

Sea cual fuere la solución que adoptemos para recordar mejor, lo relevante es que en la primera etapa conviene tener presente información de aquello que tenemos a mano para afrontar la situación conflictiva. Nos interesa disponer de todos los recursos, así como tomar conciencia de nuestras mejores y peores habilidades personales.

Es cierto que, muchas veces, la cultura profesional limita las alternativas. El abogado tiende a ver pleitos, el psicólogo terapias y el médico enfermedades. El campo de la gestión de conflictos es rico en recursos, en ocasiones, poco divulgados y, otras, demasiado centrado en la idea de negociación o proceso judicial.

---

8 REDORTA, J. (2011). *Gestión de conflictos.* p. 33 a 35.

Ser bien consciente de lo que sucede realmente es una tarea que requiere incrementar la información y contrastarla. El análisis de conflictos —tema al que nos estamos dedicando— parte de la idea de que un problema bien planteado es un problema medio resuelto. Insistiremos más tarde en este aspecto.

Normalmente no sucede que una única acción resuelva una situación concreta. Pero hay claras excepciones. Así pues, podemos tomar decisiones que pueden ser inmediatas: como retirarnos de un proyecto, despedir a alguien, aceptar un préstamo o pedir disculpas y que estas sean aceptadas. Estos supuestos pueden significar soluciones inmediatas.

Sin embargo, cuando se requiere al experto interno o externo en una organización, o cuando se pide consejo profesional o personal, lo normal es establecer una secuencia de alternativas: intentar la solución a) y si no resulta probar la b) y así sucesivamente. La capacidad de tener pensamiento estratégico en este campo resulta muy importante.

Finalmente, está la ejecución de la acción. Los detalles son muy relevantes en situaciones de alta susceptibilidad, de desconfianza incrementada y de tensión emocional. Saber ayudar a bajar las defensas personales, saber esperar, acompañar al otro en el proceso de implementación de soluciones, son aspectos que evitarán fracasos y disgustos posteriores.

Veamos ahora el modelo que propugnamos con carácter general:

MODELO S.E.D.A.
saber-entender-decidir-actuar

SABER Dónde nos movemos CONOCER	Supone tener un conocimiento lo más amplio posible de las distintas clases de recursos existentes para afrontar un conflicto con ciertas garantías. Supone conocer las habilidades propias y del equipo para hacer frente a la situación que se plantea y qué recursos sociales existen.	
ENTENDER Lo que sucede COMPRENDER	Supone efectuar un análisis correcto de la situación, con las herramientas adecuadas. Se entiende que se correlacionarán todos aquellos aspectos que configuran el núcleo de la situación conflictiva de modo coherente.	
DECIDIR Una forma de actuación COMBINAR	Supone ser capaz de decidir entre estrategias adecuadas de tipo general y estrategias específicas vinculadas a cada clase de conflicto.	
ACTUAR Sin miedo y con eficacia CONDUCIR	Supone actuar fijando objetivos adecuados, aplicando estrategias y tácticas específicas, considerando aspectos críticos y desbloqueando defensas, trabajando la confianza y actuando con seguridad.	

Figura nº 1

Extraído del libro *Gestión de conflictos* (REDORTA, J. 2011), Editorial UOC (Barcelona) en una versión mejorada del esquema allí presentado.

Evidentemente, como todo modelo, este nos sirve para ordenar las ideas. Y, en este sentido, lo que nos indica es que hemos de saber distinguir entre tener un conocimiento general de los recursos, del tema a abordar y la capacidad de aplicar los mismos a una situación dada.

4. LA IMPORTANCIA DEL ANÁLISIS DE CONFLICTOS

Muchas son las dificultades para analizar debidamente los conflictos. Baste examinar la obra *Dictionary of Conflict Resolution*[9] y ver que dedica al término «*conflict analysis*» cinco líneas en sus más de 500 páginas, y que se remiten básicamente a la obra de un mediador de referencia: Christopher Moore, de quien hablaremos. Seguidamente, hace referencia al concepto «*conflict map*» que, de hecho, vuelve a llevarnos —ahora en cuatro líneas— al mismo autor.

Para hacernos una idea inicial más amplia, exploramos, vía Google, las palabras clave «*conflict analysis*», resultando 453.000 referencias. Pero, cuando efectuamos la misma consulta en el más especializado Google Scholar, el resultado se reduce a 22.800 referencias. Afinamos más añadiendo las siglas ADR (*Alternative Dispute Resolution*): el resultado final producido fue de 933 referencias. Efectuamos la búsqueda añadiendo la palabra «*methodology*», con un resultado de 2.150 referencias[10]. Todo esto, teniendo en cuenta que aquí se muestran todos los resultados de todo tipo de conflictos humanos y de otra clase.

Podemos decir, desde esta primera aproximación, que el trabajo que se ha venido efectuando hasta el momento actual resulta netamente insuficiente y discretísimo, sobre todo si consideramos que todo ser humano tiene conflictos personales y con los demás a lo largo de la vida. Y que la realidad «conflicto» está en el centro de nuestras vidas. Todos tenemos una opinión y experiencia personal al respecto.

---

9 YARN, D. (2000). *Dictionary of Conflict Resolution*, p. 117 y 118.

10 Consulta efectuada el 10.5.17.

En 1986 apareció en California la obra de Christopher Moore *El proceso de mediación,* que no se tradujo al español hasta diez años después. En aquel momento se iniciaba en Estados Unidos un movimiento de redescubrimiento de la mediación, cuyo inicio se sitúa, generalmente, unos diez años antes en la denominada «*Pound Conference*» que se celebró en St Paul, Minnesota, en abril de 1976[11].

La obra de C. Moore está pensada desde la práctica de la mediación y, desde luego, se trata de un mediador de referencia. Desde su punto de vista, para el mediador es imprescindible recopilar la información pertinente y realizar el análisis adecuado del conflicto. De hecho, establece un modelo de análisis del conflicto cuyo contenido enriquecimos posteriormente con nuestras aportaciones, hasta ampliarlo y desarrollar un modelo ahora propio y distinto[12].

No obstante, la obra de C. Moore sitúa el proceso de análisis en el marco de la mediación estándar. Estimamos que esto es una clara contradicción porque supone que ya se ha optado por hacer uso de la mediación cuando, en realidad, el análisis debería ser previo a la elección de los diversos sistemas de resolución de un conflicto.

Si revisáramos en profundidad el estado del arte, lo más probable es que estuviéramos de acuerdo con Daniel Druckman que es, con toda probabilidad, quien más ha profundizado en el estado de la investigación referida a métodos de análisis de conflictos. Su obra *Doing Research: Methods of Inquiry for Conflict Analysis* es particularmente relevante para la Academia. Una de sus afirmaciones más contundentes respecto del estado de la cuestión es esta: *«el análisis de conflictos es un campo en busca de una identidad»*[13].

Podemos comprobar con ejemplos empíricos el acierto de esta definición de la situación: la universidad más conocida en el sector, la George Mason de Estados Unidos, titula su facultad así: «*The School of Conflict Analysis & Resolution*». O, por poner otro ejemplo, Sandole, J. D. y colaboradores, en

---

[11] http://www.globalpoundconference.org/about-the-series/1976-pound-conference. Consulta efectuada el 2.6.17.

[12] Véase REDORTA, J. (2004). *Cómo analizar los conflictos,* donde se analiza el modelo de Moore, C., en p. 113 a 119.

[13] Véase DRUCKMAN, D., la obra citada en el texto, en p. 349.

2009 publican su libro de resolución de conflictos, bajo el título de *Handbook of Conflict Analysis and Resolution*. Nótese que no es en absoluto neutra la separación entre el análisis del conflicto y su resolución, al menos conceptualmente.

En los últimos años, esta tendencia está consolidándose tanto en la literatura en español como en la anglosajona. Así, algunos autores[14], ya a lo largo de este siglo pasado, van dando cada vez mayor importancia al análisis de conflictos. Fue Dean Pruitt[15] quien en 1998 constató que el estudio del conflicto debe ir indisolublemente unido al de los medios para resolverlo.

Las dificultades del análisis de conflictos son muchas, ya que en general se tiende a contemplar dos aspectos:

- —Una cierta aclaración respecto a las personas o partes interactuantes en el conflicto y a los intereses en juego, así como a las relaciones de poder.
- —Un estudio, lo más aproximado posible, de las fuentes o causas del conflicto que son percibidas como tales.

Pero oigamos la opinión de Christopher Mitchell, uno de los más reputados especialistas, sobre la formación de los conflictos, su nacimiento, sus causas:

> «Cuando se examina la bibliografía sobre las "fuentes" de los conflictos, la lista de fuentes sugeridas, en numerosos niveles sociales y analíticos diferentes, es enorme: desde la mala comunicación y sentimientos extremos, pasando por las necesidades básicas insatisfechas, las diferencias culturales y sociales, la resistencia de la élite y el desequilibrio

---

[14] En particular la obra ENTELMAN, R. (2002). *Teoría del conflicto*. CALVO, R. (2014). *Mapeo de conflictos*. MITCHELL, C. (2014). *La naturaleza de los conflictos intratables;* REDORTA, J. (2004). *Cómo analizar los conflictos;* REDORTA, J. (2007). *Entender el conflicto* y REDORTA, J. (2016). *Conflict Management*.

[15] PRUITT, D. (1998). «Social Conflict». En: D.T. GEILBERT, S.T. FISKE y G. LINDZEY (comps). *The Handbook of Social Psychology*. Pruitt ha seguido desde entonces manteniendo las mismas ideas en trabajos posteriores.

de los recursos, hasta la falta de habilidades para resolver problemas, la desesperación y la asimetría»[16].

Esta opinión expresada muy recientemente, en 2014, nos conduce a un campo al que nos referiremos después: la «formación de los conflictos». Y esta expresión, «formación», en su sentido más directo, significa precisamente «dar forma a algo». Démonos cuenta de que ya estamos hablando de la posibilidad de la forma de un conflicto desde el lenguaje.

Observemos ahora que los conflictos tienen dos niveles de análisis: uno que podríamos llamar «estático», y que representaría una especie de foto fija en un momento dado de la evolución de un conflicto; y otro, «dinámico», que vendría a referirse a las probables evoluciones en el tiempo de ese mismo conflicto, en función de la intervención o no en el mismo y de los medios de ejecutarla.

Ambos aspectos han sido tratados de manera muy dispersa en la ciencia y no se han aplicado hasta el momento recursos muy actuales, como pueden ser los vinculados al pensamiento desde el Paradigma de la Complejidad[17].

Baste decir que la probable evolución de un conflicto puede ser estudiada desde los modelos matemáticos de la Teoría de las Catástrofes Elementales[18], que entendemos que permitirían efectuar previsiones de futuro si un conflicto concreto se pudiera encajar en alguna de las siete catástrofes ya estudiadas con carácter general. Así, la «gota que hace rebosar el vaso» forma parte de un modelo de avalancha y es una buena metáfora de la eclosión de un conflicto.

---

16 MITCHELL, C. (2014). *La naturaleza de los conflictos intratables*, p. 76.

17 El Paradigma de la Complejidad acoge un conjunto de teorías muy avanzadas. Trata de responder a la idea de la imposibilidad de estudiar un fenómeno o resolver un problema sin atender, al mismo tiempo, al contexto, al marco o al universo del fenómeno (o del problema) y a las relaciones de diverso tipo que tiene o que atraviesan el mismo. Entre la abundante literatura ya existente véase MALDONADO, C.E. (2009). *Complejidad: revolución científica y teoría.*

18 THOM, R. (1997). *Estabilidad estructural y morfogénesis.* Este ensayo, editado en francés por primera vez en 1977, creemos que daría pie a formular hipótesis de desarrollo de un conflicto a partir de su encaje en modelos matemáticos, enmarcados en una teoría general aplicable a las ciencias sociales. Esta línea de investigación no ha sido iniciada.

La identidad buscada en este campo del análisis de conflictos puede cristalizar en cualquier momento y crear nuevas figuras de profesionales en el ámbito de la gestión de conflictos, a través de nuevas herramientas.

Opinamos que no se tardará muchos años en conocer la figura del analista de conflictos como profesional con rango e identidad propia. Responde a una necesidad evidente.

5. LA PROBLEMÁTICA DE LA CAUSALIDAD Y LA FORMA

En el año 2000, Morton Deustch, uno de los más reputados psicólogos sociales y autor de referencia en conflictología, opinaba así:

> «Ninguna de las teorías es adecuada para tratar por sí misma, con las complejidades implicadas en cualquier conflicto específico o en cualquier tipo de conflicto»[19].

Al mismo tiempo y en la misma obra, P. T. Coleman después de afirmar que hay muchas preguntas de conocimiento básico no contestadas en el campo de la resolución de conflictos, formulaba algunas de ellas. Entre las mismas la siguiente[20]:

> «What are the important similarities and differences in conflict processes at the interpersonal, intergroup, and international level?».

Es decir, P. T. Coleman ya entendía hace más de tres lustros que, a los distintos niveles en los que aparece un conflicto, deben considerarse las similitudes y diferencias de ese

---

19 DEUSTCH, M. (2000). «Introduction». En: *Handbook of Conflict Resolution,* COLEMAN, P. T. y DEUSTCH, M. (comps.), p. 16.

20 COLEMAN, P. T. (2000). «Looking to the future». En: *Handbook of Conflict Resolution,* COLEMAN, P. T. y DEUSTCH, M. (comps.), p. 572.

conflicto respecto de otros. Creemos que esto sólo puede hacerse eficazmente si admitimos la noción de la morfología de los conflictos, como veremos después.

El conflicto como efecto de una causa concreta ha sido estudiado con cierta profundidad. Sin embargo, no encontramos excesiva concordancia entre los distintos autores sobre las causas generales de los conflictos. En términos amplios, una o varias causas producen uno o varios efectos que a su vez son causa de otros efectos.

Esta cadena conduce a resultados insatisfactorios como saben muy bien los criminólogos, que cuentan múltiples ejemplos. Veamos uno: «Le golpeó porque lo había provocado. Pero la víctima procedía de una familia desestructurada lo que le hacía mantener siempre actitudes provocativas. A su vez, el agresor estaba muy enfadado por motivos ajenos a la riña y, de alguna manera, ambos se encontraron sin desearlo».

En muchos supuestos de diversos actores, con motivaciones distintas y con intereses cruzados y opuestos, establecer las causas de un conflicto puede ser un asunto de alta complejidad y riesgo, ya que pocas veces sucede que exista una visión común de los hechos. En cierta manera, estamos afirmando que establecer las causas de un conflicto tiende a ser muy insatisfactorio e inseguro. Y que, en todo caso, no debería ser la única vía de examen de la situación planteada.

6. LA NECESIDAD DE UN NUEVO PARADIGMA DE ANÁLISIS

El significado actual de la palabra «paradigma» lo debemos a Thomas S. Khun, quien en 1962 publicó un libro de referencia que ha dado un sentido enorme a los cambios que se producen en la ciencia, explicándolos de manera clara y fundamentada. Así, *La estructura de las revoluciones científicas* plantea cómo se produce el progreso científico cuando es examinado sin ideas preconcebidas. La primera afirmación de Thomas S. Khun que estimamos de relevancia a nuestro objeto, es la siguiente:

> «Para ser aceptada como paradigma una teoría debe parecer mejor que sus competidoras; pero no necesita explicar y, en efecto, nunca lo hace, todos los hechos que se puedan confrontar con ella»[21].

De alguna manera, un paradigma es un modelo que aparece y que puede ser seguido. El mismo autor cita como un paradigma el ejemplo de la conjugación: «ama, amas, amat», porque permite seguir otras conjugaciones de gran número de otros verbos en latín, marcando el modelo.

Dice Khun que «para que una nueva teoría pueda ser aceptada debe ser anunciada junto a sus aplicaciones a cierto rango concreto de fenómenos, y su aprendizaje depende de dichas aplicaciones»[22]. En este sentido, no sólo precisamos un nuevo punto de vista teórico para efectuar análisis de conflictos, sino que también necesitamos herramientas que den sentido al mismo y que resuelvan problemas de manera efectiva.

Con frecuencia, estos nuevos puntos de vista son ampliamente debatidos, tal vez inicialmente rechazados; pero en un estadio inicial tienden más a formar escuela, es decir, a agrupar ideas a su alrededor que a generar consenso.

Esto es tremendamente lógico, porque supone cambios importantes, a veces radicales, en la forma de enfocar los problemas. Así, la física cuántica, que arrancó con Max Planck en 1900, no fue reconocida hasta 1918 con el Premio Nobel, pero su desarrollo posterior ha sido imparable. Sin embargo, las ideas en que se sostiene (que una cosa pueda ser onda y partícula a la vez, etc.) tienen un desarrollo espectacular hoy día en aplicaciones prácticas que no podemos ver, aunque sí notar sus efectos.

«El surgimiento de nuevas teorías viene precedido generalmente por un período de inseguridad profesional profunda»[23]. Esta afirmación de Khun se corresponde exactamente con lo que está sucediendo hoy día en el campo de

---

21 KHUN, T.E. (1997). *La estructura de las revoluciones científicas*, p. 44.

22 *Ib.*, p. 83.

23 *Ib.*, p. 114.

la Resolución de Conflictos. ¿Cabe alguna duda de que no se están obteniendo los resultados deseables?

La crisis actual es una llamada a revisar nuestras conceptualizaciones y las herramientas de que disponemos. Es una llamada a la puesta al día de instrumentos, probablemente procedentes de otras áreas de la ciencia, a fin de conseguir la adaptación del sector a las necesidades sociales.

El paradigma actual relativo al conocimiento del conflicto está basado, puede que en exceso, en la causalidad. Pero la causalidad es un fenómeno altamente complejo en la naturaleza humana. Deberíamos tener en cuenta que el debate entre genética y cultura, es decir, entre determinismo e indeterminismo, sigue vivo y que las fronteras de la libertad individual no están definidas más allá de convenciones sociales, que tampoco son universales.

En realidad, todo lo relativo a la psique humana es mucho más difícil de ver y generalizar que cualquier otra cosa que suceda en el mundo físico. De ahí que la causalidad pueda ser una primera aproximación al fenómeno conflicto, pero muchas veces insuficiente para abordarlo de manera adecuada.

El conocimiento progresa sobre todo no por sofisticación, formalización y abstracción, sino por la capacidad de contextualizar y globalizar. Esta idea del reputado pensador francés Edgar Morin[24] está en la base de la propuesta que formularemos posteriormente.

En la historia de las ideas, la forma y el fondo han constituido debates muy ricos. Muchos de estos debates siguen vivos. Lo que no ha sido abordado es la forma de los conflictos.

Es cierto que la psicología de la forma (Gestalt) dio con la llave de cómo percibimos los objetos y esto —después ampliado por la neurociencia— nos ha servido para entender mejor que un poco de información nos puede ayudar a tener una idea más general de un fenómeno, aunque sea de manera aproximada.

La aparición de las «ciencias morfológicas» —centradas en lo físico en multitud de campos (geología, lingüística, etc.) y reforzadas a partir de las ideas de Mandelbrot sobre la irre-

[24] MORIN, E. (2001). *La mente bien ordenada*, p. 16.

gularidad de las formas («¿Cuál es la forma de una nube?», se pregunta)—, junto a la aparición de la lógica borrosa[25] y los puntos de vista vinculados a las teorías de la complejidad (atractores, estructuras disipativas, etc.)[26], así como la Inteligencia Artificial, han preparado el terreno para dar un salto cualitativo en el ámbito de la conflictología.

Estamos preparados, con todas las inseguridades, para plantear una nueva manera de examinar el conflicto a partir de su forma irregular y psicológica. La morfología de conflictos es un nuevo campo que se abre a nuestros ojos, si somos capaces de alzar la mirada.

7. LA METÁFORA DEL RÍO

En general, hemos reflexionado sobre los ríos y su función. Gracias a la ecología somos más conscientes de su importancia en el ciclo del agua. En los últimos años, nos han llamado la atención el cambio climático y los cada vez más importantes ciclos discontinuos del agua. También la literatura, a lo largo de los siglos, ha encontrado en los ríos una importante fuente de inspiración: «Nuestras vidas son los ríos / que van a dar al mar / que es el morir», dijo el poeta.

Pero más allá de la literatura, muchísimos aspectos son importantes en los ríos. El terreno por donde pasan modelando el espacio geológico, la biología afectada por la vegetación de las riberas, etc. Los ríos están vivos y a veces se desbordan, las ciudades se construyen cerca de los ríos y su caudal es fuente de vida para las poblaciones.

El estudio de los ríos nos recuerda que existe un curso superior a partir de donde nace el río, un curso medio y un curso inferior, todos ellos con características propias. Su caudal puede ser muy variable y su forma geométrica puede

---

25 Véase el punto 33 de este trabajo donde se conceptualiza la idea de lógica borrosa.

26 Algunas de estas teorías ya están empezando a estudiarse en conflictología. The International Association of Conflict Management dedicó todo un congreso preferentemente a este tema en 2016.

adoptar meandros, deltas y sostener manglares. Pero, los ríos tienen además una cuenca, unos afluentes y forman paisajes adornando los valles por los que discurren. Son largos o cortos y están regulados normalmente por normas humanas.

La navegación fluvial une a los pueblos desde la antigüedad y la barca navegando por el río perfila un paisaje idílico que nos habla de que, efectivamente, el río es vida.

Toda esta explicación bien conocida nos sirve para llamar la atención de que, más allá de la enorme variabilidad de un río, el mismo, cualquier río, tiene unas constantes, una permanencia que se inicia en su expresión morfológica. Veamos a vista de pájaro un río:

Figura nº 2
Curso de río: patrón natural

Dicho de otra manera, los ríos siguen unos patrones naturales pese a su variabilidad. El río Nilo lo encontramos en el mismo sitio, como el Amazonas o cualquier otro menor.

Nos interesan, pues, del río, tanto sus aspectos más constantes, como aquellos otros que constituyen su variabilidad, ya sean los cambios de caudal, los niveles de contaminación, la riqueza de sus afluentes, etc.

Desde luego, podemos imaginar cualquier conflicto como un río. Los conflictos también tienen un nacimiento, un curso del agua y una desembocadura. Incluso algunos —como el Okavango en África— que no dan al mar y se pierden en las zonas desérticas por filtración, tienen parecido con conflictos que desaparecen, momentáneamente, por falta de energía para seguirlos.

Los conflictos se desbordan de su cauce como los ríos, tienen afluentes que los alimentan, son susceptibles de regulación, se contaminan con actitudes que pueden ser muy tóxicas, erosionan la confianza que es el cemento de la sociedad, adoptan diversas formas e influyen en nuestras vidas de manera decisiva.

Y es cierto que no podemos prescindir de los ríos, ni de los conflictos. Si los ríos son vida, también las etapas conflictivas cruzan nuestra existencia y entran en nuestras relaciones con los demás. *Los ríos, y la naturaleza en general, están formados por fenómenos de repetición y diferencia.*

También los conflictos tienen importantes elementos de constancia y variabilidad. Eso no impide que ambos fenómenos puedan ser estudiados y comprendidos, al menos a cierto nivel. Es verdad que este estudio es más difícil en el mundo de nuestros conflictos con los demás. Desde luego, lo es efectuar un ejercicio de abstracción para descubrir fenómenos que no podemos observar de manera completa o que aparecen invisibles a nuestros ojos.

No obstante, ello no impide que la realidad exista y que pueda ser puesta de manifiesto. Hagamos un ejercicio: para una persona que no sea del campo de la botánica o muy aficionada a las plantas, puede que un paseo por el campo pisando hierba no le resulte muy interesante. Sin embargo, la mirada del botánico o del conocedor de las plantas es totalmente distinta. Observa, saca consecuencias respecto del clima, de la floración, de los insectos que acuden a cada planta; las clasifica, conoce sus propiedades y sabe, incluso, si su ingestión es venenosa.

Exactamente esto ocurre con los conflictos: puede que no sepamos interpretar la realidad de lo que acontece, pero esto —al menos a cierto nivel— es un problema de información. La clasificación de lo que sucede, el descubrimiento de los conflictos elementales, las emociones, lo que diferencia un conflicto de otro, etc. hacen que nuestra mirada cambie en profundidad.

8. ENTONCES, ¿PUEDEN TENER FORMA LOS CONFLICTOS?

La respuesta tiene que ver con lo que entendamos por «forma». Una manera de hacer las cosas, una figura geométrica, una metodología, son algunos ejemplos de formas.

Nadie discute las formas dispares de los objetos físicos, incluso la riqueza de los fenómenos físicos. Sin embargo, el ámbito de lo humano y de lo que ocurre en la mente es mucho más intrincado. Si además afecta a más de una persona, como sucede en las interacciones conflictivas, entonces esto se complica de verdad.

Sin embargo, los avances en psicología cognitiva nos han puesto de manifiesto que el cerebro es capaz de encontrar soluciones rápidas a situaciones complejas por la vía de la simplificación de sus procesos. La evolución nos ha llevado a que podamos adoptar decisiones rápidas, aunque puedan ser aproximadas en muchas situaciones de la vida[27].

Las situaciones de conflicto siguen patrones reconocibles si somos capaces de identificarlos, clasificarlos y encajarlos en nuestros esquemas mentales. Pero hay que empezar por definir estos patrones de conflicto y ponerles nombre. Ya decían los clásicos «*Nomen is numen*»[28].

Este fenómeno lo tenemos todos experimentado. Situaciones que se repiten, conflictos que se parecen, sea un divorcio, una reclamación comercial o una multa de tráfico. No obstante, la forma que encontremos de cualquier conflicto siempre será irregular. Son parecidos, pero no iguales. Otros actores, otras circunstancias, otro contexto, etc.

La única manera de clasificar los conflictos que nos ayude a ser operativos, será aquella que nos permita ver tanto las partes que no varían respecto de otros, como aquellas que son variables.

---

[27] Véase el apartado nº 41 de este mismo trabajo.

[28] «Nombrar es conocer», traducción del refrán latino.

Veamos esta ilustración:

EL NÚCLEO ES IGUAL

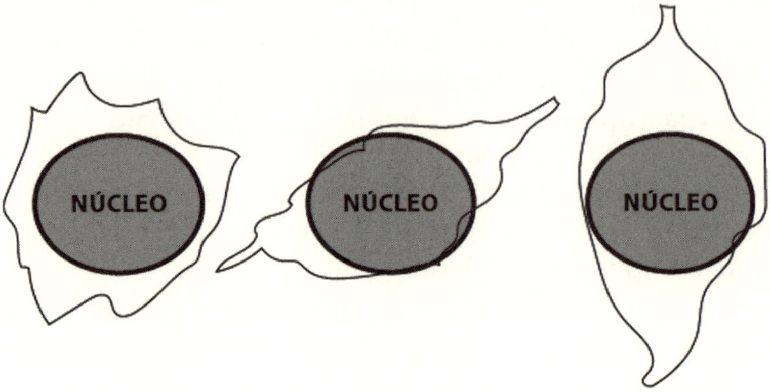

Figura nº 3
Esquemas aleatorios de fijeza y variabilidad en conflictos
Fuente: Elaboración propia, REDORTA, J. (2017)

A partir de esta idea, nos conviene ver cuáles pueden ser las partes más fijas o invariables de un conflicto o, en otros términos, qué patrones sigue. De la misma manera, hemos de ser capaces de identificar una vía que permita distinguir ese caso concreto de otros conflictos.

Esto nos lleva a la idea de conflictos elementales que sean modelo o prototípicos. Encontrar estos conflictos elementales nos permitirá ponderar, clasificar y encajar cualquier otro conflicto por comparación al modelo.

Es obvio que esto no podrá ser preciso y exacto. Los conflictos son un fenómeno vivo y dinámico, se mueven en la imprecisión, con márgenes importantes de incertidumbre.

La morfología de conflictos, esto es, la forma que adopta un conflicto concreto, es una foto fija en un momento dado. La dinámica del mismo debe ser estudiada aparte y por otras claves complementarias.

A pesar de ello, los conflictos clasificados de una manera operativa y cuyos aspectos fijos y variables se conocen, permiten tomar importantes decisiones respecto a cómo gestionarlos de manera apropiada.

Esto es así porque cada conflicto elemental está sostenido por unos procesos psicosociológicos subyacentes, sobre los que se puede actuar y estimarse su resolución con probabilidades de éxito. Pero, para esto último, se precisan herramientas tecnológicas basadas en Inteligencia Artificial.

9. LA INSUFICIENCIA DEL CONOCIMIENTO DE LAS BASES BIOLÓGICAS DEL CONFLICTO

Enfoquemos ahora una cuestión siempre candente: si tratamos de explorar qué bases biológicas y culturales se hallan debajo de todo conflicto, nos encontramos con algunas sorpresas.

Nadie tiene ninguna duda de que la genética influye en cómo somos cuando nos relacionamos con otros en situaciones tensas. De hecho, las respuestas emocionales tienen puntos no bien aclarados que pueden disparar la rabia, la ira, el miedo, etc. Realmente, se sabe bastante sobre todo eso, si bien de forma insuficiente.

Pero una rápida consulta a Google Scholar[29], la base de datos de trabajos científicos de Google, solamente produce un trabajo si buscamos por «*genetic basis of conflicts*», y aun referido a animales. Ciertamente, después de la Segunda Guerra Mundial, con la crisis del nazismo, los años posteriores no indujeron a efectuar trabajos sobre genética en los individuos. Tampoco se conocía lo que se sabe hoy en día, desde que se aclaró en el año 2005 el genoma humano.

La genética ha tomado los últimos años un fuerte impulso. Y en relación a las modificaciones genéticas de plantas, animales, etc., no puede decirse otra cosa sino que están en fase de experimentación rápida. «Transgénico» se ha convertido en un adjetivo referido, sobre todo, a alimentos. Sin embargo, la manipulación transgénica afecta no solamente a alimentos, sino también a la modificación de animales y plantas y, recientemente, a embriones. Se está creando un nuevo mundo de efectos muy desconocidos todavía[30].

---

[29] Consulta efectuada el 26.5.17.

[30] La tecnología «CRISPR/Cas9» es una herramienta molecular utilizada para «editar» o «corregir» el genoma de cualquier célula. Eso

No hay ninguna duda de que la herencia genética tiene importancia capital en cómo somos, aunque no sea la última ni la más importante influencia, ya que el entorno de la cultura también nos refleja. Así, la conducta de una persona con una respuesta conductual habitualmente impulsiva (lo que puede dificultar su vida social), puede provenir tanto de la herencia como de las condiciones de vida, o de ambos factores conjuntamente.

Parecería, pues, que con los instrumentos actuales hay un amplio campo de investigación para estudiar aspectos específicos de la conducta humana vinculados a la herencia. Sospechamos que los científicos sociales y los genetistas aún no han encontrado un campo común de trabajo. Desde luego, conseguirlo va a resultar inevitable en los próximos años.

Si ampliamos nuestra investigación con la misma herramienta de búsqueda que habíamos usado antes, refiriéndonos no ya al ámbito de la genética sino al de la biología entera, podemos observar lo siguiente: a la pregunta «*biology*», la respuesta son 5.810.000 resultados, una cifra realmente relevante.

Si a la misma pregunta añadimos «*human conflicts*», la respuesta es 6.020[31], prácticamente un uno por mil de los trabajos científicos. Pero si los examinamos cualitativamente, veremos que la mayoría se refieren a la conexión entre el hombre y el medio ambiente respecto a la vida salvaje, el turismo u otros aspectos macroeconómicos[32]. Así pues, ni ampliando mucho el foco, parece (en nuestra aproximación) que la ciencia se esté planteando, a fondo, el tema de nuestros conflictos desde el punto de vista de la biología.

Hagamos un último experimento. Si la consulta es «*biological basis of human behaviour*», el resultado es 576 trabajos

---

incluye, claro está, a las células humanas. Sería algo así como unas tijeras moleculares que son capaces de cortar cualquier molécula de ADN, haciéndolo además de una manera muy precisa y totalmente controlada. Esa capacidad de cortar el ADN es lo que permite modificar su secuencia, eliminando o insertando nuevo ADN. http://dciencia.es/que-es-la-tecnologia-crispr-cas9/.

[31] Consulta efectuada el 26.5.17.

[32] Consulta efectuada el 26.5.17

científicos. Y si a esta pregunta le añadimos «*conflicts*», el resultado se reduce casi a la mitad.

Todo ello merece una profunda reflexión ya que, según algunos autores, la mayor parte de la confusión en el pensamiento respecto a cómo se forma la conducta social tiene que ver con el intento de una radical distinción entre la genética (herencia) y la cultura (el entorno).

Si esto es así, se hace difícil distinguir ambos aspectos y ello explicaría, en parte, por qué los humanos actuamos como lo hacemos. También explicaría el hecho de que el entorno cultural específico modele la herencia. O bien que los genes den razón de las diferencias culturales.

Mientras que la conducta humana aparece, pues, de manera global poco explicada en la ciencia, desde esta perspectiva, podemos observar que los criminólogos, desde su práctica, no tienen grandes dudas sobre aspectos muy prácticos. Es el caso de la agresividad en ciertos individuos o grupos sociales. O cómo las condiciones sociales marcan a las personas y las convierten, en tantas ocasiones, en transgresoras de la norma social.

Nadie duda, por ejemplo, de que la búsqueda de sexo está detrás de muchos delitos. Pocos pueden dudar de que los niveles hormonales de testosterona y adrenalina están presentes de manera clara en personas jóvenes y no en ancianos, y de que hay una evidente correlación entre las conductas agresivas, o no, de ambos colectivos.

En el ámbito de la psiquiatría, la esquizofrenia parece una enfermedad mental común en todo el mundo. Los afectados por ella padecen delirios de grandeza, oyen voces en forma de alucinación, tienen una regulación emocional anómala y pensamientos muy singulares. El objetivo fundamental de los estudios en este campo es comprender el papel de la genética en la producción y mantenimiento de los estados esquizofrénicos, para ayudar a la generación siguiente a prevenir mejor la aparición de la enfermedad y a controlar sus efectos. Actualmente se piensa que esta enfermedad es resultado de la combinación de factores estresantes, genéticos y de desarrollo[33].

---

[33] ROSENZWEIG, M. (2005). *Psicobiología: una introducción a la neurociencia conductual, cognitiva y clínica*; p. 644.

En todo el siglo anterior hubo un esfuerzo importante para determinar las bases genéticas de la habilidad cognitiva. Importantes estudios con familias, gemelos y adopciones produjeron resultados solo contrastados en parte. En una revisión de los principales estudios se llegó a la conclusión de que la influencia de la herencia en la habilidad cognitiva general puede estar en un 50 %, más o menos[34].

Actualmente se está efectuando un importante esfuerzo con el fin de afrontar la enfermedad de Alzheimer. Esta afecta a unos 46 millones de personas en el mundo y produce un deterioro cognitivo de las funciones de la memoria, además de otras. Aunque el origen no está claro, la investigación considera que existe una fuerte relación con la genética.

La neurobiología tiene bastante claro que en la región prefrontal del cerebro se hallan las funciones ejecutivas del mismo.

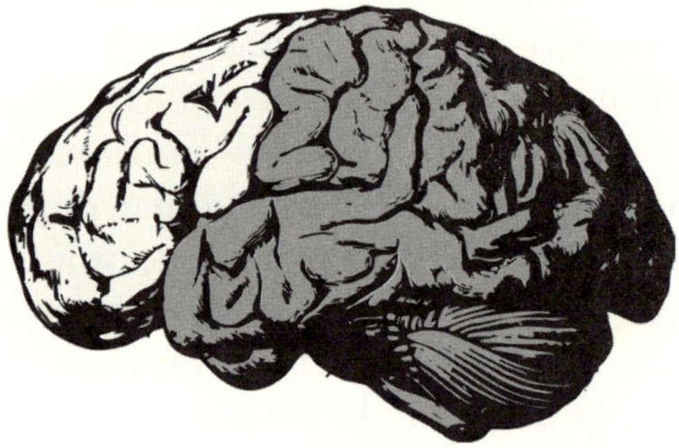

Figura nº 4
Región prefrontal en el cerebro (izquierda)

Nos interesa la región prefrontal de la corteza cerebral porque es donde se considera que se desarrollan las funciones ejecutivas, como la toma de decisiones, las representaciones mentales y el afrontamiento de conflictos. En los últimos años la neurociencia ha avanzado en el estudio de las partes del cerebro que afectan a la resolución de conflictos, con

[34] BARTRES, D. y otros (2008). «Perspectivas en cognición, personalidad, psicopatología y enfermedades neurodegenerativas». En *Bases genéticas de la Conducta.* BARTRES, D; REDOLAR, D. (coords.), p. 274.

resultados que podemos calificar de prometedores. Veremos cambios.

En tanto la investigación básica avanza, no podemos pensar todavía en una investigación aplicada y en nuevos recursos para comprender cómo reaccionamos ante el conflicto, pero no cabe duda de que se está produciendo un importante avance en este ámbito.

10. LA INSUFICIENCIA DEL CONOCIMIENTO DE LAS BASES CULTURALES DEL CONFLICTO

Desde nuestro punto de vista, es la sociobiología la ciencia que más nos ayuda, ahora mismo, a entender las bases genéticas y culturales de los conflictos. Edward O. Wilson es un referente mundial en el conocimiento de la vida sobre la Tierra. Quizás la persona más importante en los estudios de la evolución después de Darwin.

Opina este autor que «la naturaleza humana son las regularidades heredadas del desarrollo mental común de nuestra especie».[35] Wilson ha estudiado profundamente la relación entre genes y cultura. Sostiene que la evolución cultural tiende sin ninguna duda a reprimir la evolución genética. Sus reflexiones sobre la evitación general del incesto en las culturas o sobre las más de mil enfermedades hereditarias conocidas, y aun sobre la inexistencia del color en la naturaleza, a pesar de lo que vemos, han dado la vuelta al mundo.

Si examinamos nuestro tema desde el punto de vista cultural, tenemos otras reflexiones a efectuar. Hoy se considera la cultura como una combinación de rasgos que distinguen a un grupo de otro. La cultura contiene valores, normas y prácticas sociales que resultan específicas para los grupos.

Podríamos afirmar que la cultura es el conjunto de soluciones que un grupo social da a los problemas humanos[36]. Así, existe una «cultura profesional»; en cierta forma, los informáticos son distintos de los sacerdotes, por poner un

---

[35] WILSON, E.O. (2012). *La conquista social de la tierra*, p. 277.

[36] MARINA, J.A. (2010). *Las culturas fracasadas*, p. 64.

ejemplo. La cultura se ha descubierto en primates, también en delfines[37].

Como la cultura depende de la memoria a largo plazo, los humanos se sitúan de manera clara por encima de los animales. Las habilidades sociales de los humanos son las que han hecho amplia la cultura, empezando por la riqueza del lenguaje.

La cultura ha producido la moralidad, el honor, las formas de afiliación al grupo, la administración de la confianza entre personas, la determinación de cuándo se debe competir y cooperar, la forma de resolver los conflictos más allá de los instintos, la manera de organizar la reciprocidad en las acciones, la religión y el arte.

En lo que se refiere a los conflictos, creemos que uno de los autores que más ha profundizado, desde un punto de vista de la cultura, es Marc Howard Ross, uno de los mejores expertos en el ámbito del conflicto intercultural. Este autor opina que:

> «La comprensión incompleta de la conducta conflictiva tiene serias consecuencias sobre nuestra habilidad de manejar los conflictos de forma positiva»[38].

A Ross le parece evidente que no solo deben considerarse las conductas de conflicto sino también las percepciones y motivaciones del mismo. Su punto de vista tiene que ver con el uso de la violencia o no —entre muchas cosas— por los distintos grupos. Opina que es importante ver el conflicto como un comportamiento cultural, lo que explica que los medios de resolución puedan ser distintos frente a situaciones similares y, para ello, proporciona abundantes ejemplos.

Desde el punto de vista cultural, hay que preguntarse por qué unas sociedades son más proclives que otras a ciertas formas de conflicto. De la misma manera, también procede estudiar por qué una determinada situación produce una disputa.

---

[37] WILSON. E. O. *op. cit.*, p. 250.

[38] ROSS, M.H. (1995). *La cultura del conflicto,* p. 19.

Sostiene Ross que tanto los cambios legales como los cambios en las instituciones que manejan los conflictos es raro que, por sí solos, tengan éxito. Explica que estos cambios funcionan cuando, además de tratar los intereses substanciales básicos objeto de regulación, se tratan las interpretaciones culturales de los mismos[39].

11. LA INTERACCIÓN COMO FUENTE DE CONFLICTOS

Que el marco de desarrollo del conflicto es la interacción social es tema aceptado. Nos referimos —claro está— a los conflictos interpersonales, grupales y sociales en general.

El conflicto en su esencia exige la presencia del «otro» o de «los otros», y es en la falta de acuerdo o en la percepción de esa falta de acuerdo donde se visualiza.

La interacción humana ha sido estudiada en el ámbito de la psicología social desde diversas perspectivas y, desde luego, en la sociología. La base de su estudio es la influencia que las personas se ejercen mutuamente, de manera que configuran grupos, intercambian ideas y van desarrollando el camino de cada cual en la vida.

De alguna manera, podríamos afirmar que el estudio de la interacción social sería el estudio del «vínculo» o lazo que nos une los unos a los otros. El fundamento de todo ello sería la capacidad afiliativa —llámese necesidad de reunión si así se quiere— que forma familias y toda clase de grupos sociales.

En la base de todo esto está el comportamiento social, nuestra conducta y la de los demás. Las fricciones sociales tienen que ver con los actos sociales, que aceptamos o no, y los interpretamos en función de nuestros valores y visión general de la vida.

Aunque la conducta social no cabe duda de que tiene una base biológica propia de la especie, el aprendizaje social en la cultura tiene un papel importantísimo en el proceso

[39] ROSS, M. H., *op. cit.*, p. 267.

de convertirnos en seres sociales. Así la imitación juega un papel central, el premio y el castigo también; las condiciones concretas del grupo social van configurando nuestra adaptación a ese mismo grupo y a los demás.

La conducta se compone de «actos sociales» y un acto social se orienta a los demás; en principio, persigue un objetivo en el entorno social. Uno o varios actos sociales forman un «episodio social». Así la acción de atacar a un transeúnte en la calle sin motivo aparente podemos verla como un único acto social. Pero si observamos que ese agresor ha estado esperando a la víctima, la ataca, se avisa a la policía y ese asaltante huye, entonces también esa secuencia es un «episodio social».

Los actos y los episodios sociales pueden ser o no conflictivos. La distinción de si un episodio o acto es conflictivo tiene que ver con el significado que dan las partes al mismo. No saludar puede ser relevante para muchas personas, a otros puede darles lo mismo; e incluso, en función de las circunstancias concretas, esta conducta (no saludar) puede iniciar la escalada de un conflicto preexistente.

Determinar la existencia de conflicto implica indagar en el significado, y ese significado normalmente viene indicado por las emociones que genera la conducta de cada cual. Si esto es así, la primera exploración para el tercero no participante en la interacción concreta tiene que ver con el análisis de las emociones que afloran en el episodio social.

Yendo más allá de lo anterior, la conducta social se desarrolla en el marco del sistema social, y por tanto cualquier sistema social queda afectado por las conductas de cooperación o competición de las partes.

El examen del estatus de cada cual en el grupo, las relaciones de poder e influencia, la comunicación entre las partes, el análisis de los discursos deben ser examinados cuidadosamente porque en la base de toda interacción se está ejerciendo influencia social y el grupo debe reconducirla de manera adecuada.

Un análisis adecuado de la interacción social conduce a examinar lo que sucede si aplicamos el modelo de Talcott

Parsons[40], quien en un lúcido estudio reduce a cuatro los aspectos a considerar:

a. En qué medida los valores del acto social son o no compartidos por el grupo, ya que estos agrupan las ideas.
b. De qué manera se están ejecutando los roles sociales de cada cual, ya que estos permiten agrupar funciones.
c. Cómo se agrupan las personas, lo que permite examinar el lugar de cada cual en el sistema.
d. Qué normas sociales se han de tener en consideración, ya que estas permiten agrupar pautas de acción social.

Todas estas ideas tienen sentido, pero de forma ideal debe considerarse también el entorno virtual. El examen de la interacción en el entorno virtual muchas veces no es accesible por razones de privacidad. En otros supuestos sí puede accederse al mismo.

La información que aportan las redes sociales puede ser muy relevante de manera complementaria para un correcto examen de lo que sucede. Otras veces, el episodio de conflicto se forma en los propios entornos virtuales.

Así pues, interacción, conflicto e influencia son tres conceptos íntimamente relacionados, y cuyo examen aporta muchas luces a cualquier episodio de conflicto en el que debamos intervenir.

---

40 PARSONS, T. (1999). *El sistema social.* Es una obra monumental de gran ayuda para interpretar los sistemas sociales en su conjunto.

12. LA CREACIÓN DE UN NUEVO MODELO DE CONFLICTO: DIFICULTADES

La pretensión de establecer un modelo es siempre un ejercicio muy arriesgado. Cuando un modelo puede ser sometido a revisión empírica, los riesgos son mucho menores y los errores que se detectan se pueden corregir en versiones posteriores.

Un modelo —cualquier modelo— es una representación de un fenómeno y tiene la función de hacer inteligible el mismo. Al mismo tiempo, es una guía. Seguir un modelo es tratar de acercarse a algo predeterminado, de una manera concreta, para obtener un resultado igual o parecido. De alguna manera, también es un prototipo a imitar o a seguir para comprender mejor.

Cuando se trata de fenómenos relativos a la personalidad o a la interacción entre las personas, conviene ser muy cautos dada la alta variabilidad de los fenómenos a describir. Ello no obsta para que existan modelos tanto en los ámbitos de la psicología, como en las ciencias sociales en general.

En realidad, toda investigación tiende a explicar fenómenos más o menos complejos y a partir del modelo establecer posibles predicciones de futuro.

Sin embargo, existe una gran diferencia entre los modelos cuantitativos y los modelos cualitativos. Un modelo cualitativo muchas veces no es directamente verificable, sino que sirve más bien como una aproximación a un fenómeno más o menos concreto.

Este tipo de modelos ha sido a veces denostado por la ciencia. Su esencia tiende a ser poco predictiva, es decir, anticipa poco los resultados previsibles. Sin embargo, esto no debería ser motivo para excluir a priori este quéhacer científico. Oigamos a Réné Thom:

> «Exigir de cualquier disciplina científica que sea posible comprobar la teoría con la acción, con la experiencia, excluye automáticamente del campo científico las ciencias del pasado, como la paleontología y la historia, y también aquellas en las que es imposible la experimentación directa (como es aún, en amplia medida, el caso de la astronomía).

En pocas palabras, a mi entender deberíamos abandonar la idea de la ciencia como un conjunto de recetas eficaces»[41].

Pero cuando echamos la mirada al mundo de los conflictos entre los seres humanos, la empresa parece inabarcable. *Una amplia revisión del campo, efectuada en 1992*[42]*, concluyó que la mayor parte de modelos de conflicto nunca han sido validados o confirmados.*

Existe un enorme bache entre teoría y práctica profesional, lo que hace que cualquier modelo de conflicto deba situarse ya sea como «normativo», si deriva de investigación científica, o «descriptivo», si viene de la práctica profesional (Lewicki, R., 1999, pág. 41)[43].

Opina Gonzalo Serrano (2007, 20)[44], catedrático de psicología social en la Universidad de Santiago y un pionero en el área del conflicto:

> «La investigación sobre el conflicto es menos fecunda de lo que sería deseable, con frecuencia extremadamente repetitiva, y tanto desde el punto de vista conceptual, como del metodológico, bastante dispersa».

Esta situación explica la ausencia de una teoría general del conflicto, y hace que la modelización del mismo solamente pueda ser parcial. Sin embargo, esto no obsta para que la observación profesional nos permita reunir datos suficientes para construir un andamiaje de ideas que faciliten la comprensión del fenómeno «conflicto», y ayuden a establecer guías de actuación.

En este sentido, y como modelo descriptivo inicial, hemos ordenado nuestra visión para simplificar un fenómeno alta-

---

41 GIORELLO, G. y MORINI, S. (1993). *Parábolas y catástrofes,* p. 17.

42 LEWICKI R.J., WEIS, S.E. y LEWIN, D. (1992). «Models of conflict, negotiation and third party intervention: a review and sintesis». En: *Journal of organizacional behaviour,* vol. 13, nª 3, 1992. p. 220-252.

43 LEWICKI, R.J. y WIETHOFF (2000). «Trust, Trust Development and Trust Repair». En: *The handbook of conflict Resolution.* p. 86.

44 SERRANO, G. (2007). Prólogo en *Entender el conflicto,* p. 20.

mente complejo que se resiste a ser analizado de forma coherente.

Un modelo es un sistema y como sistema tiene que definir los siguientes aspectos:

e. Explicar qué número de elementos contiene, de la forma más precisa posible.
f. Definir qué cualidades tiene cada elemento y su relevancia para el objeto del modelo.
g. Explicar la relación que exista entre estos elementos de manera simplificada y coherente.

Todos los modelos y sistemas derivan de un paradigma. Esto es, de una forma de pensar la ciencia y están amparados por ese paradigma. *En el ámbito de los conflictos, la dificultad es extrema y la necesidad es máxima. Por esa razón, al menos tentativamente, nos parece relevante confeccionar un modelo general desde donde ubicar el análisis de conflictos por patrones.*

Costaría seguir nuestro razonamiento, si no vamos de lo general a lo particular. Precisamos dar coherencia a puntos de vista hoy dispersos, pero que ya tienen una fuerte base empírica. En otras palabras y por resumir: se sabe más de lo que imaginamos, pero menos de lo que con urgencia se necesita en esta hora del mundo.

13. NUESTRA APROXIMACIÓN A UN MODELO GENERAL

En 2007 tratamos de establecer un cierto esquema de la acción conflictiva, que expusimos así:

Figura nº 5
Estructura de la acción conflictiva
Fuente: *Entender el Conflicto* (Redorta, J.). Editorial Paidós (2007)

Entendimos que existe una conducta de conflicto que es observable y que está en la interacción. Que además de esa conducta, una serie de creencias y valores personales y sociales asentados dirigen la acción racional, por lo que la conducta, simplificando mucho, está explicada en el marco mental de los individuos implicados.

Añadimos en la cumbre del triángulo el poder de los mitos que desde siempre han movido al hombre sobre la tierra, llámese la búsqueda de la felicidad, de cualquier dios u otros deseos inalcanzables[45]. Aunque hoy en día se sabe mucho sobre los mitos que nos mueven a largo plazo, casi no se ha aplicado la idea a la conflictología.

Además del intento anterior, tratamos de ordenar elementos que aparecen en el conflicto, visto como un ente estático.

---

[45] Para una ampliación del rol de los mitos en conflictología la obra del autor REDORTA, J. (2007), *Entender el conflicto* y para una visión más amplia del campo, FERRY, L. (2009), *La sabiduría de los mitos*. También el conjunto de la obra de MIRCEA ELIADE.

Es decir, como una foto fija pero con vocación de permanencia. Así imaginamos la idea de un núcleo del conflicto y una cuenca.

En el núcleo nos aparecieron elementos relevantes a considerar como la historia del conflicto, las expectativas de las partes, los patrones presentes en el mismo y las emociones expresadas en significados.

En la cuenca imaginada, aparecían factores que ya estimábamos muy relevantes en el conflicto como pudieran ser la diversidad psicológica y cultural, el contexto social, la imprecisión de las situaciones y el inevitable azar. Finalmente, la recursividad[46] como enlaces continuos de la relación causa-efecto.

En el año 2016, maduramos ya una idea más integrada de los distintos factores que influyen en el conflicto, reuniendo aquellos elementos que la práctica demostraba que tenían alta relevancia para el gestor de conflictos[47]. Sin embargo, algunas reflexiones posteriores nos indujeron a pensar que el modelo debía ser reelaborado para una mejor integración de los elementos, y dar mejor cuenta del fenómeno conflicto.

Es así como hemos llegado a la construcción de un nuevo modelo que pretende superar las dificultades de los anteriores, y contribuir a una mejor compresión del conflicto en orden a facilitar la intervención posterior.

---

[46] La idea de recursividad, significa que causas y efectos se entremezclan de manera que algo puede ser causa y efecto de la misma cosa.

[47] Véase este modelo en la obra del autor REDORTA, J. (2016). *Conflict Management*, p. 91.

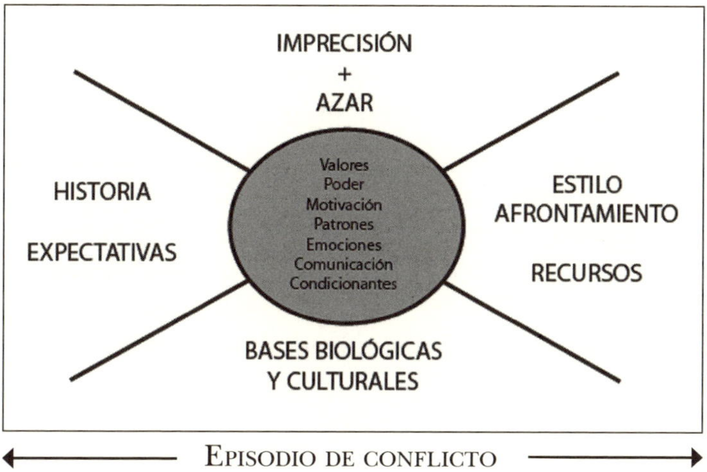

Figura nº 6
Modelo integral de conflicto (REDORTA, J. 2017)
Fuente: Elaboración propia

Si examinamos este modelo, podemos apreciar lo siguiente:

En la parte superior vemos IMPRECISIÓN Y AZAR. Con esto queremos destacar la importancia que debe tener la falta de precisión en todos los aspectos relacionados con el conflicto.

Como máximo, repetimos, podemos orientarnos sobre él, pero nunca pretender alcanzar seguridad, en tanto en cuanto los análisis cuantitativos no nos indiquen probabilidades más firmes de que ocurra alguna tendencia determinada en la evolución del caso.

Lo mismo cabe indicar respecto del rol del azar. Opina Monod (2007) que «el contenido de la noción de azar no es sencillo y la misma palabra se utiliza en situaciones diferentes»[48]. Sin embargo, la idea de azar está bien afirmada en nuestra cultura como algo fruto de la casualidad e impredictible en su esencia.

[48] MONOD, J. (2007). *El azar y la necesidad*, p. 123.

En la estructura cuántica de la materia la imprevisibilidad es total. El azar domina las trayectorias de la materia. Pero, a nivel macroscópico, existen situaciones de mala suerte o buena suerte —así las denominamos— y que configuran situaciones de pura casualidad.

Si ahora nos fijamos en la parte inferior del modelo vemos BASES BIOLÓGICAS Y CULTURALES. Ya se ha argumentado la importancia de estos aspectos que condicionan cualquier tipo de intervención y a los que debe prestarse atención, en términos generales.

En la parte izquierda del modelo encontramos HISTORIA Y EXPECTATIVAS. La explicación histórica de lo que sucede permite definir el episodio de conflicto en su proyección atrás en el tiempo, y ver más claro cómo se llega al estadio actual del mismo.

Sin embargo, las expectativas de las partes se orientan al futuro. Se trata de examinar en el imaginario de las partes qué resultados les gustaría obtener, es decir, qué cosas cubren, a su juicio, sus necesidades a partir de la situación presente.

A la derecha podemos ver ESTILOS DE AFRONTAMIENTO y RECURSOS. Cada una de las partes en conflicto utiliza uno o varios estilos de afrontamiento de la situación conflictiva. Seguir este hilo permite entender mucho mejor por qué una parte rechaza algo y otras lo aceptan[49]. En la parte final de herramientas profundizamos en este aspecto.

Por RECURSOS debemos entender el conjunto de medios a disposición del gestor de conflictos y de las partes para abordar la situación planteada. El examen de los recursos debe ser pausado y creativo. Tiende a haber importantes sesgos. Así muchas veces el abogado solo ve acciones judiciales y el psicólogo terapias, como ya dijimos.

Si entramos en el círculo central como núcleo fundamental de todo conflicto, es preciso hacer una reflexión sobre los VALORES implícitos de las partes, ya que son los que orien-

[49] Véase una herramienta específica sobre este tema en la parte tercera de este trabajo.

tan en la toma de decisiones[50]. Las relaciones de PODER siempre ocupan un lugar crítico en la interacción y es importante reflexionar al respecto.

La MOTIVACIÓN puede ayudar en muchos casos a entender mejor las conductas individuales para lo que hemos preparado una herramienta específica al final. Igualmente, las EMOCIONES básicas nos ayudan a entender qué es significativo y relevante para las partes.

Naturalmente, los PATRONES que siga el conflicto tienen un rol fundamental en el análisis, igual que los CONDICIONANTES que marcan el PERFIL del caso concreto, y que hemos detallado en el punto 37 de este trabajo.

14. LA CONSTRUCCIÓN DE UNA METODOLOGÍA

Este modelo general nos permite ver mejor en qué marco encaja la metodología que vamos a denominar ANÁLISIS DE CONFLICTOS POR PATRONES. Como hemos podido examinar, existen muchos aspectos que juegan en la disección de un conflicto de la clase que sea. Lo importante es tenerlos en cuenta y ser conscientes de la información que nos puede suministrar cada elemento.

En la mayoría de los casos tendremos acceso a la historia del conflicto y, de manera más o menos parcial, a las expectativas de las partes, ya que las mismas tienden a evolucionar cuando se inicia un proceso de resolución o cuando se negocia.

Los estilos de afrontamiento de conflictos de las partes, si son más o menos competitivos o cooperativos, se distinguen de manera rápida, aunque un mínimo entrenamiento es útil para poder identificar con rapidez los cinco estilos que se conocen. Esto forma parte de las habilidades del gestor del conflicto.

---

[50] Para una ampliación del rol de los valores en nuestro campo, ver la explicación resumida en la obra del autor *Cómo analizar los conflictos* (2004).

Igualmente, conocer los recursos que tiene a su disposición el gestor de conflictos (tiempo, medios externos, objetivos, figuras de resolución de conflictos a las que acudir, medios internos, etc.) es un examen necesario para todo el que tiene que hacer frente a un problema de cierta entidad.

De la misma manera, sobre las bases biológicas y culturales de un conflicto es posible que tengamos una información muy somera, al menos al inicio de una intervención. Tal vez la edad o los antecedentes de las partes nos digan alguna cosa, pero lo más probable es que no sepamos demasiado sobre estos aspectos, más allá de si el conflicto ocurre en un entorno cultural conocido. Por ejemplo, en la mediación laboral las partes buscan mediadores que conozcan de manera específica el sector al que pertenecen, porque se sienten más cómodos y no han de dar explicaciones previas.

Los aspectos vinculados al azar son, por su misma esencia, impredecibles; y una carta que no ha llegado a tiempo, un e-mail que se ha extraviado, un crédito ahora denegado, forman parte de las cosas que suceden y que hay que integrar en el proceso.

De la misma manera, la imprecisión inunda todo lo relacionado con el conflicto. Aunque el diablo esté en los detalles, es preciso asumir que muchos de ellos se nos van a escapar. Lo relevante es que el núcleo central del conflicto no se nos escape.

La comunicación entre las partes y con las partes en conflicto es el elemento que nos permite acceder al resto de la información. Nos informa de las emociones presentes y cambiantes, que marcan lo que representa para cada uno la situación que se vive (¿van a quitarme a los hijos?, ¿van a despedirme?, etc.).

Por otro lado, el examen de la motivación de cada parte puede ser accesible al gestor del conflicto si tiene una mínima formación. En el fondo no hay tantas motivaciones como veremos en una herramienta que hemos dispuesto al final de este trabajo. Y aunque el conocimiento no sea difícil, el entrenamiento es muy rápido.

El examen de las relaciones de poder es imprescindible. El poder está en el centro de toda interacción y requiere por parte del gestor de conflictos ciertos conocimientos de sus mecanismos. Desgraciadamente, los programas vigentes de formación en resolución de conflictos tratan, en general, de forma insuficiente este tema[51].

Finalmente, está la crítica cuestión de los valores. Tomamos decisiones en base a nuestros valores y creencias y no nos damos cuenta de cómo estos se manifiestan en cualquier interacción.

A veces se precisa usar de estereotipos para descubrir el marco mental de los intervinientes en un conflicto. Ello aun a riesgo de errores. El estereotipo permite partir de un supuesto a verificar.

Es como un andamio que luego hay que retirar una vez la pared está ya construida. Partir de la base de que a un negociante le interesa el dinero de manera fundamental puede ser un buen principio, pero debe ser verificado. Quizás esa persona sea muy sensible a lo que aparezca en el proceso de solución relacionado con el dinero, por poner un ejemplo.

15. LOS PATRONES DE CONFLICTO

Y ahora llegamos a los dos elementos que nos aportan más información crítica, y por tanto más útil, para centrar la intervención a partir de entender el conflicto: el examen de los patrones que sigue. El análisis de los patrones del conflicto permite aclarar cuál es la orientación general del mismo y establecer pautas para que la intervención resulte eficaz.

Los condicionantes del conflicto se refieren, como ya dijimos, a las diferencias que pueden observarse entre conflictos que sigan el mismo patrón. Es obvio que deben ser tenidos en cuenta por el gestor de conflictos, pero no tienen la misma relevancia que los patrones encontrados, aunque es mucha.

Los patrones se pueden considerar medios a través de los cuales interpretamos el mundo. Nuestro cerebro está adaptado a reconocer patrones. Buscamos lo similar entre lo dife-

---

[51] Para una ampliación general del tema de las relaciones del poder la obra del autor *El poder y sus conflictos* (2005).

rente y esto nos proporciona inteligencia y comprensión del entorno en que vivimos.

Actuamos con patrones de conducta sin darnos cuenta. Lavarnos las manos antes de comer, parar mecánicamente el despertador por la mañana o echar una siesta después de comer son patrones de conducta a los que también tendemos a llamar «costumbres».

En nuestra interacción con los demás, también nos inclinamos a seguir unas pautas similares aprendidas: saludar, participar en una reunión, regañar, aconsejar, etc.; estas pautas de conducta también son patrones y son estudiados por la ciencia con el debido detalle.

Lo relevante a nuestros efectos es que cuando entramos en conflicto con los demás, también lo hacemos de acuerdo a patrones aprendidos basados en nuestra experiencia. En otras palabras, tenemos una forma típica de acercarnos a la situación de conflicto. Y es que, *un conflicto sigue un patrón reiterativo, que puede ser identificado como similar a otros conflictos parecidos y se ajusta a uno o varios prototipos de conflicto elemental, que son reconocibles.*

Los conflictos casi nunca siguen patrones puros de conflictos elementales, como veremos, sino que más bien pueden ser reconocidos por el dominio de unos patrones de conflicto sobre otros.

Los patrones de conflicto son escasamente variables en función de la escala en la que aparezcan. Así, un conflicto de intereses puede darse tanto entre miembros de una familia como entre varios Estados. Los conflictos, por tanto, al seguir sus patrones, son reconocibles tanto a nivel interpersonal, como grupal, intergrupal o social.

Para hacer frente a cualquier conflicto, las preguntas pertinentes más básicas son siempre cuatro:

a. ¿Qué patrones sigue este conflicto?
b. ¿En qué se diferencia de otros conflictos?
c. ¿Con qué estilos de afrontamiento las partes abordan el conflicto?
d. ¿Qué presión de tiempo de resolución hay?

Y para hallar las respuestas pertinentes se precisa una metodología que pueda ser contrastada por la práctica y la teoría. Esto supone elaborar un nuevo modelo teórico que integre las ideas fundamentales. Lo vemos a continuación.

16. ESBOZO DE UNA TEORÍA GENERAL DE LA MORFOLOGÍA DE CONFLICTOS

Ya hemos afirmado que no existe una teoría general capaz de abarcar todo el ámbito del conflicto. Tampoco lo pretendemos con esta aproximación. Más bien se trata de situar, de algún modo, el ámbito de las ciencias morfológicas en la intersección del conflicto. Esto supone admitir la idea de «forma» y «morfología» para procesos psicológicos y de interacción. Creemos que puede y debe hacerse, a fin de someter más tarde las ideas al proceso de revisión empírica siempre necesario.

De un postulado puede decirse que es una proposición no evidente por sí misma, ni demostrada, pero que se acepta ya que no existe otro principio al que pueda ser referida.

Cuando en el año 1955 George A. Kelly elaboró la Teoría de los Constructos Personales, utilizó la fórmula de definir un postulado principal y deducir varios corolarios. Un corolario complementa el postulado principal. Desde entonces, esta teoría ha recorrido un largo camino y aunque se ha popularizado (no suficientemente a nuestro juicio), sí que ha hecho una contribución fundamental a la extracción del significado personal y a la teoría de la personalidad. La aparición de los constructivistas, ya al final del siglo pasado, más bien ha confirmado el acierto de su autor.

Kelly no se limitó a formular una teoría, sino que construyó una herramienta llamada «técnica de rejilla» para poner en aplicación su modelo. La psicoterapia se ha enriquecido con su aportación, en un entorno de investigación del que Manuel Villegas, de la Universidad de Barcelona, afirmó ya en 1998:

«Más de cien años de psicología científica han llevado a la evidencia de que ni las más elaboradas teorías a priori ni el ingente acopio de microexperimentos hipercontrolados, satisfacían la necesidad de dar cuenta de la complejidad de los fenómenos psicológicos humanos; de alcanzar, en definitiva, a describir adecuadamente el objeto y el método de la psicología humana»[52].

Quienes han trabajado en el campo del análisis de conflictos se han dado perfecta cuenta de la necesidad de herramientas eficaces, aunque sean perfectibles, a fin de satisfacer las necesidades de comprensión de un fenómeno tan complejo como el conflicto.

La presentación ahora de manera más formalizada de las principales ideas, y de la versión segunda de la herramienta que las acompaña, tiene por objeto estimular un campo nuevo de investigación y, al propio tiempo, hacer camino al andar. Incitar a bajar de la teoría a la praxis socializando la metodología. Entendemos que el análisis de conflictos por patrones es una herramienta adecuada para aplicar las ideas que contiene la propuesta. Veamos los postulados que se propugnan.

POSTULADO FUNDAMENTAL

Todo conflicto tiene una morfología que le es propia y que permanece al margen de las causas del mismo.

1. **Corolario de clasificación**
   La morfología de cualquier conflicto está formada por una mezcla diferenciable de 16 conflictos elementales que se ajustan a un patrón cada uno.

2. **Corolario de analogía**
   Todo conflicto elemental y su patrón tienen una única representación mental prototípica que per-

[52] VILLEGAS, M. (1998). *Teoría de los Constructos Personales: aplicaciones a la práctica psicológica.* Prólogo. BOTELLA, L. y FEIXAS, G. p., 13.

mite un razonamiento analógico ante un caso concreto.

3. **Corolario de dominancia**
Cualquier conflicto puede ser analizado en función de sus grados de pertenencia a un conflicto elemental regido por su patrón. Existen patrones dominantes y otros patrones subsidiarios.

4. **Corolario de imprecisión**
Cualquier conflicto puede ser analizado hasta cierto nivel de aproximación al mismo; la imprecisión es una característica de los conflictos y de todos sus elementos.

5. **Corolario de procesos subyacentes**
Cada patrón de conflicto se halla a su vez regido por procesos subyacentes psicosociológicos que lo explican y sobre los cuales recae en gran medida la eficacia de toda intervención.

6. **Corolario de fractalidad**
Sea cual sea la escala a la que se analice o el ámbito en el que sucedan, los conflictos elementales siguen esencialmente su propio patrón y su carácter es fractal.

7. **Corolario de variabilidad**
La variabilidad de cualquier conflicto no depende solamente del patrón o de la combinación de patrones que pueda seguir, sino también de factores condicionantes relevantes que deben ser considerados.

8. **Corolario de inferencia**
Todo reconocimiento de procesos subyacentes permite inferir uno o varios patrones de conflicto y los mismos orientan a la identificación del conflicto elemental correspondiente.

9. Corolario de intervención

Toda intervención en un conflicto debe ser efectuada considerando los procesos subyacentes a los patrones que sigue el mismo y a sus condicionantes relevantes expresados en un perfil.

10. Corolario de consenso

Aunque el análisis de conflictos por patrones es aparentemente subjetivo, se demuestra que los expertos alcanzan un alto grado de confluencia en sus estimaciones.

17. IDEAS-FUERZA

LOS CONFLICTOS TIENEN ASPECTOS POSITIVOS Y NEGATIVOS

PRECISAMOS GESTIONAR MEJOR NUESTROS CONFLICTOS

PARA GESTIONARLOS MEJOR ES NECESARIO CONOCERLOS MEJOR

SABEMOS MÁS DE LO QUE CREEMOS Y MENOS DE LO QUE SE PRECISA

LAS CAUSAS DE LOS CONFLICTOS NO LO EXPLICAN TODO

LOS CONFLICTOS TIENEN UNA MORFOLOGÍA MUY ÚTIL

EL ANÁLISIS DE CONFLICTOS POR PATRONES ES UN NUEVO PARADIGMA

SE DEBE PROFUNDIZAR EN UNA TEORÍA GENERAL DE LA MORFOLOGÍA DE CONFLICTOS

SEGUNDA PARTE

CONCEPTOS FUNDAMENTALES EN EL ANÁLISIS DE CONFLICTOS POR PATRONES

Los conflictos siguen un curso predecible o patrón
Lewicki, R. J., Weis, S. E. y Levin, D.

18. LA ENUMERACIÓN DE LOS MARCOS TEÓRICOS

Se hace preciso un comentario sobre los marcos teóricos en los que se apoya la construcción de la metodología del análisis de conflictos por patrones[53]. Uno de ellos es el «construccionismo social». El construccionismo social está vinculado a la idea de que la interacción social está en la base de la creación del conocimiento. Así, será conocimiento lo que definimos y consensuamos como tal, y un conflicto lo será si socialmente es visto de esa manera.

La idea de que los conflictos elementales son percibidos de distinto modo en función de las diferentes culturas está latente en la construcción de la metodología.

Entendemos que un conflicto de recursos escasos, por poner un ejemplo, existe de manera universal. Sin embargo, tanto la percepción del mismo, como la forma de abordarlo puede ser muy variable en función de que una cultura sea más individualista o más comunitarista, por ejemplo[54].

Una segunda idea que está presente en la concepción de la metodología es que no solo es relevante la cultura y, por tanto, las construcciones sociales, sino también, su misma interacción con la genética y la biología. La variabilidad y la

---

[53] El análisis de conflictos por patrones se fundamentó en 2004 en *Cómo analizar los conflictos*. Posteriormente, en 2007, se abordó en *Entender el conflicto*, iniciando el trabajo sobre morfología. En 2011, en la obra *Gestión de conflictos*, se establecieron las estrategias posibles de intervención a partir del análisis. En 2016, el trabajo *Conflict Management* estudió la aplicación de la morfología a la teoría de conflictos. Véase para ampliaciones las obras citadas del autor.

[54] BECK, U. y BECK- GERNSHEIM, E. (2003). *La Individualización*. Para una ampliación de ideas desde la sociología sobre los procesos sociales de individualización y comunitarismo.

invariabilidad de rasgos esenciales de los conflictos elementales —a los que nos vamos a referir— debe ser asumida de entrada.

Tengamos en cuenta que la importancia de un conflicto elemental de identidad vinculado a la etnia no debe ser ignorada. No son lo mismo las reacciones de un caribeño sometido a unas condiciones determinadas de clima, generalmente tendentes a no precipitarse en la acción, que las de personas de otras latitudes. No son lo mismo las reacciones personales entre hombres y mujeres en igualdad de situaciones. También los estados hormonales pueden generar actos de mayor o menor impulsividad, y por lo tanto de conflicto, en la interacción social.

No obstante, consideramos que es en la psicología cognitiva donde podemos hallar buena parte de las ideas que la metodología recoge. Así, la idea de esquemas, prototipos mentales, razonamiento analógico, percepción, toma de decisiones, patrones, etc. son fundamentales para poder apreciar el funcionamiento de aquella.

Las ciencias morfológicas y todo lo relacionado con las formas y su evolución ocupan un aspecto central en la idea de que es importante examinar los conflictos a partir de una visión distinta a la causalidad. En la psicología de la Gestalt[55], hemos hallado una importante base para considerar aspectos que nos han ayudado a perfilar mucho mejor el funcionamiento de la percepción a primera vista. La Gestalt estudia cómo percibimos las formas, tiene reglas fundamentales para entender aspectos críticos de la percepción visual.

La idea de que toda forma procede de un conflicto[56] ha sido invertida para ver que, si esto es así, examinando la forma, llegaremos al fondo del conflicto subyacente.

---

[55] La psicología de la Gestalt forma parte de la psicología de la percepción y ha trabajado con reglas propias durante décadas.

[56] Esta idea de Réné Thom de que toda forma procede de un conflicto puede ser examinada al revés. Luego, si se examina la forma, debe poder verse el conflicto primigenio.

Las ideas de formas irregulares vinculadas a los aspectos fractales de los conflictos tienen también su relevancia, tal y como examinaremos[57].

El llamado Paradigma Complejo[58] —aún hoy tan insuficientemente desarrollado en nuestro campo— está también presente. Así los estudios sobre turbulencias en física, estructuras disipativas, atractores y catástrofes, incertidumbre y azar, fractalidad y muchos más aspectos, estimamos que tienen relevancia para entender mejor lo que supondría la evolución posterior de un conflicto a partir de un análisis del mismo.

La investigación está poco desarrollada en este campo y la predictibilidad de la evolución aún se apoya en bases poco sólidas a falta de análisis cuantitativos. En este aspecto, la metodología permite el tratamiento de datos con Inteligencia Artificial, la ciencia del siglo XXI que está en la base de los nuevos desarrollos de todas las disciplinas.

La herramienta que deriva de la metodología permite el tratamiento cuantitativo de datos acumulables para hacerlos comparables (*big data*), y el tratamiento automático para análisis semántico y cualitativo si se le añade una breve descripción de los episodios de conflicto (*dark data*), lo que sería perfectamente realizable con tecnologías ya experimentadas.

Finalmente, el análisis de conflictos por patrones, a través de su orientación a los procesos subyacentes de los conflictos elementales, facilita centrar la acción en el conocimiento actual y parcial de las teorías del conflicto. Téngase en cuenta que, aun tratándose de teorías de alcance medio, pueden explicar relaciones de poder, atribución de culpas, agresividad y un sinfín de aspectos relevantes en el conflicto elemental concreto, cuya vinculación debería ser objeto de mayor investigación.

---

57 Esto se examina con mayor detalle en el punto 20 de este trabajo y en la obra del autor *Conflict Management*.

58 También conocido impropiamente como «teoría del caos», se trata de un campo en desarrollo vertiginoso que abarca un conjunto de puntos de vista para tratar con los fenómenos que no son lineales: una turbulencia, la aparición de orden desde situaciones caóticas, etc.

19. LA IDEA DE MORFOLOGÍA EN LOS CONFLICTOS

En el año 2004[59] ya habíamos utilizado la palabra «morfología» para referirnos a un conflicto elemental como aquel que sigue un patrón —y por tanto— tiene ciertas características de predictibilidad.

Desde las matemáticas se había afirmado que cualquier morfología es el resultado de un conflicto[60]. En efecto, las montañas son el resultado de plegamientos enormes. Una casa se sostiene por fuerzas físicas en equilibrio y en conflicto. La lucha de la vida hace procesos de adaptación de los que surgen formas magníficas en flora y fauna.

La morfología abarca no solo las formas de las cosas y procesos, sino también los aspectos dinámicos que inducen los cambios de formas y la aparición de otras nuevas. Así un cambio de forma implica una tensión, una deformación y una bifurcación ¿No sucede lo mismo en una situación de conflicto?

El mundo contiene una enorme gama de grandes y pequeños, cerca y lejos, muchos y pocos[61]. Y esto produce el fenómeno de «escala». No es lo mismo un grano de arena que mil millones de granos de arena; la visión en la lejanía a 10 kms, que a 1 km. No tienen la misma dimensión un gorrión que un caballo. Son obviedades que muchas veces olvidamos.

En el ámbito de las ciencias sociales ocurre exactamente igual: no es lo mismo un grupo humano de mil personas de una etnia, que una etnia entera a la que pertenecen millones de personas; una enfermedad que afecte a cien mil personas que una epidemia que afecte a millones.

En el ámbito de los conflictos, la escala produce efectos a tener en cuenta. El mismo patrón de conflictos, en otros términos, el mismo conflicto elemental sigue un patrón común; pero su «escalabilidad» tendrá efectos permanentes en la forma de tratar el mismo. Un conflicto de poder en la pareja tiene los mismos elementos que un conflicto de poder entre

---

59 REDORTA, J. (2004). *Cómo analizar los conflictos*, p. 91.

60 GIORELLO, G y MORINI, S., *op. cit.*, p. 145.

61 THOMPSON, D, (2000). *Sobre el crecimiento y la forma*, p. 33.

grupos y entre naciones. Sin embargo, su tratamiento será distinto al cambiar la escala.

En este sentido, si la ciencia había afirmado —como dijimos y repetimos— que toda morfología es el resultado de un conflicto, cabe decir que lo inverso también puede ser predicado: todo conflicto tiene una morfología basada en sus patrones de conflicto perceptibles.

Los estudios sobre la forma se han desarrollado en tantas áreas de la ciencia que hoy día la expresión «ciencias morfológicas» tiene un sentido claramente transversal en todas las disciplinas.

Pero merece la pena detenernos un poco en la psicología y en la neurobiología para entender mejor cómo estas ciencias nos afectan en el campo de la comprensión y análisis de los conflictos.

Por un lado, se admite que el cerebro está altamente preparado para reconocer formas. Por otro, en la psicología ya se ha visto claro que el cerebro tiende a rellenar la información que le falta con la clara idea de reconstruir conceptos que le resulten válidos. Ambos aspectos se combinan y son perfectamente útiles para entender mejor la cuestión de las formas irregulares en conflictología.

20. LAS FORMAS IRREGULARES

La palabra «fractal» se refiere a una nueva concepción de la forma y, por tanto, del estudio de las formas (la morfología), que abarca todo lo irregular. Una piedra, un tramo de la costa y su perfil, una nube, una planta, etc.

La idea de «geometría fractal» se la debemos a Benoît Mandelbrot. Su obra *La geometría fractal de la naturaleza* significa un antes y un después en la geometría, desde Euclides. Los trabajos de Mandelbrot han dado lugar a una nueva disciplina. Estos estudios han permitido desarrollar aplicaciones prácticas en multitud de campos de la ciencia.

Se define como fractal un objeto que puede estar sumamente fragmentado o que es sumamente irregular. Aunque hay fractales matemáticos, estamos ahora hablando de lo que Mandelbrot denomina «fractales naturales».

Varias son las ideas que la fractalidad aporta a la teoría del conflicto. Una de ellas de gran interés es la de que «el todo está en la parte». Esencialmente, una cosa que es fractal se va repitiendo a distintas escalas. Así, una gota de agua es representativa del mar entero, la biología también ha puesto de manifiesto cómo los tejidos tienen formas que se repiten en distintas escalas.

Esta idea del «todo en la parte» tiene una alta utilidad si pensamos que, además de fractales físicos, pueden existir fractales psicológicos. Nos sirve para afirmar que un conflicto elemental mantendrá su parte invariable en cualquier nivel en el que aparezca. Así, la autoestima no solo aparece en las personas, sino también en los grupos humanos y en los marcos culturales con los que nos identificamos.

Un fractal psicológico aún no puede determinarse siguiendo una metodología científica. Pero sí siguiendo la idea intuitiva de fractalidad. Es obvio que la fractalidad existe en la naturaleza (la irregularidad, lo fraccionado) y que nosotros somos parte de ella. Es preciso tener en cuenta que ya los estudios actuales van a examinar la fractalidad del cerebro, de sus ramificaciones, y que la mente es expresión del mismo.

Pero lo que a nuestro juicio es una evidencia es que un conflicto elemental, pongamos por caso de poder o de intereses, o de información o de cualquier clase, en sus distintas escalas, mantiene el patrón que sigue. Aunque el resultado del cambio de escala sea distinto, todo en su esencia sigue igual.

Demos, pues, una definición de morfología de conflicto útil para cualquier clase de conflicto, sea cual sea el nivel en el que aparezca:

Llamamos morfología de un conflicto a la forma que el mismo adopta luego de examinarlo a la luz de los patrones que sigue, considerando también los aspectos que le confieren las condiciones de variabilidad presentes en el mismo.

21. LOS CONFLICTOS ELEMENTALES

En el mundo existe una enorme diversidad de todo. Sin embargo, la ciencia ha demostrado que toda la diversidad procede de muy pocos elementos. Si nos fijamos en el mundo físico, la tabla periódica de los elementos nos muestra y recuerda que todo procede de muy poco y de sus combinaciones múltiples.

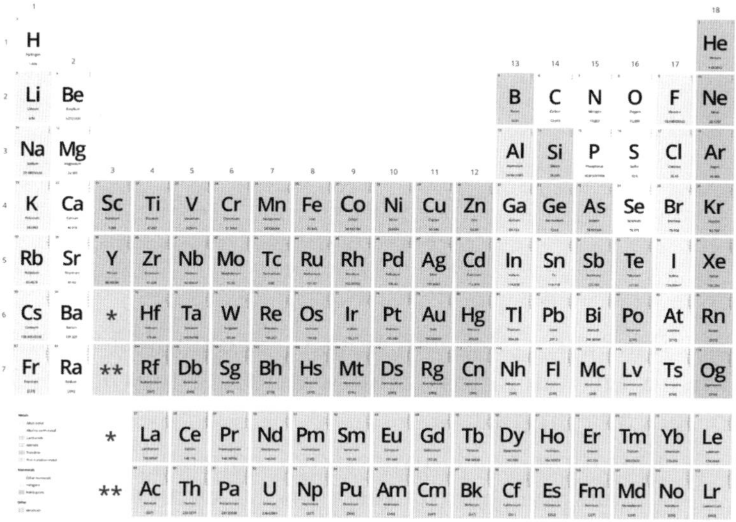

Figura nº 7
Tabla periódica de los elementos
Fuente: *Wikipedia*

En la biología, en el mundo de lo vivo, la irrupción del código genético, históricamente muy reciente, nos puso sobre aviso de que sucede el mismo fenómeno: obsérvese que el código genético es universal y limitado. Las diferencias provienen de las distintas combinaciones de genes. Un solo gen puede cambiarlo todo, pero lo importante es que esté identificado.

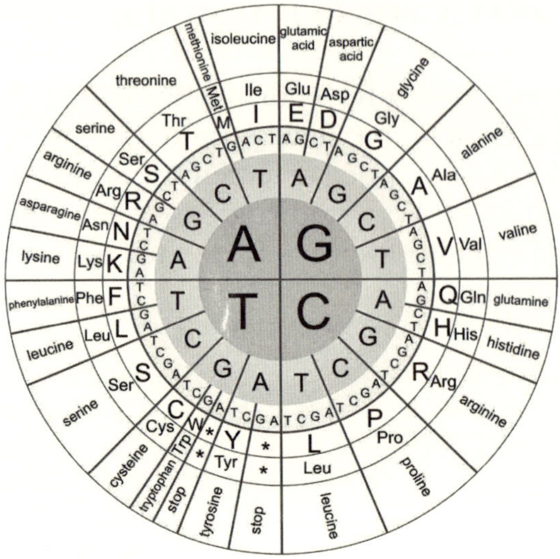

Figura nº 8
Código Genético
Fuente: Internet

Las ciencias sociales han puesto de manifiesto el mismo fenómeno en reiterados campos como la antropología, la sociología o la lingüística.

Esta es la Gramática Universal de Chomsky. Cualquier gramática en cualquier lengua responde al siguiente esquema:

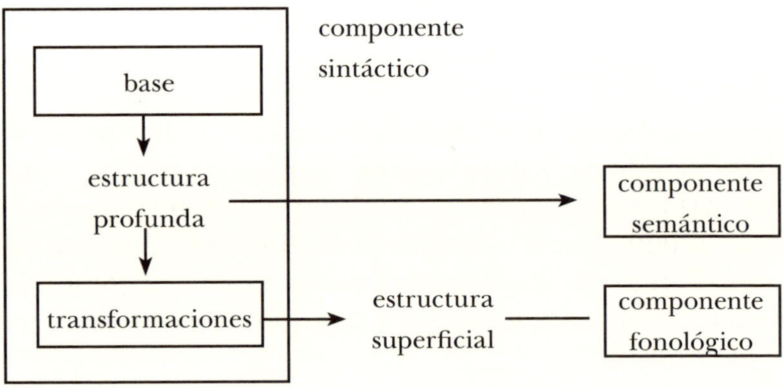

Figura nº 9
Gramática Universal de Chomsky
Fuente: Elaboración propia sobre ideas de Noam Chomsky

A partir de este razonamiento, parecería que tiene toda lógica que los conflictos, en su enorme diversidad, en sus múltiples versiones, en sus ricos matices y en sus variadas manifestaciones, pueden responder a unos cuantos conflictos elementales.

Sin embargo, resulta muy complejo acercarse a la realidad del conflicto empezando por su propia denominación. Sucede que llamamos conflicto a lo que nos sucede a nosotros mismos cuando no sabemos qué camino tomar ante una situación determinada. O también, que en la interacción con los demás, lo mismo supone un conflicto para unos y no para otros. También la intensidad de las emociones implicadas y su manifestación nos pone en guardia ante unos mismos hechos en grado distinto.

En biología y más en concreto en genética, un gen puede cambiar todo en una persona. Así, por ejemplo, el cromosoma 21 afectado produce el Síndrome de Down, con el resultado de discapacidad y retardo mental de todos conocidos. No tenemos ese grado de conocimiento en el campo del estudio de los conflictos.

La teoría del conflicto no ha avanzado lo suficiente y está relativamente alejada de encontrar causas fundamentales de los conflictos. Aunque es cierto que se ha avanzado en los últimos decenios, no existe un cuerpo multidisciplinar lo bastante sólido como para situar el conflicto como un eje absolutamente central en la ciencia.

La idea de «conflictología» como marco teórico fundamental, elemental y vinculado a la comprensión y mejor entendimiento de las personas aún está verde, y tiene problemas en su misma denominación.

Así pues, sigue siendo cierto que la idea de causa en los conflictos nos ayuda muchas veces a conocer aspectos relevantes en los mismos, pero resulta insuficiente —a nuestro juicio— en el estado actual de la ciencia.

En este sentido, estamos necesitados de otras vías de acceso a la realidad conflictiva, de manera que podamos manejar, con resultado más eficiente, lo que es una necesidad imperiosa: cómo entender y abordar mejor nuestras disputas.

A partir de nuestros trabajos (Redorta, J. 2004, 2007 y 2011) abordamos la problemática cuestión de buscar conflictos que, por su elementalidad, pudieran seguir un patrón por sí mismo reconocible en la vida social. Esta investigación nos llevó a establecer el siguiente cuadro:

CONFLICTOS ELEMENTALES

Morfología del conflicto	**Conflicto básico**
1. RECURSOS ESCASOS	NECESIDAD/RECURSOS
2. PODER	PODER/LIBERTAD
3. AUTOESTIMA	VALORACIÓN SOCIAL/ AUTOVALORACIÓN
4. VALORES	DESCREENCIA/CREENCIA
5. ESTRUCTURAL	MEDIOS/SOLUCIONES
6. IDENTIDAD	NO SER/SER
7. NORMATIVO	CONDUCTA/NORMA
8. EXPECTATIVA	ESPERANZA/REALIDAD
9. INADAPTACIÓN	ESTABILIDAD/CAMBIO
10. INFORMACIÓN	CONOCER/IGNORAR
11. INTERESES	DESEOS/OPOSICIÓN
12. ATRIBUTIVO	ASUMIR/DESPLAZAR
13. INCOMPATIBILIDAD PERSONAL PERSISTENTE	ACEPTACIÓN/NO ACEPTACIÓN
14. INHIBICIÓN	ACCIÓN/BLOQUEO
15. LEGITIMACIÓN	FUERZA/DERECHO
16. INEQUIDAD	JUSTICIA/INJUSTICIA

Figura nº. 10
Conflictos elementales
Fuente: Extraído del libro *Entender el conflicto.* REDORTA, J. (2007). Barcelona, Editorial Paidós

La idea central de este cuadro es desarrollar el punto de vista de que existen conflictos elementales (llamados aquí básicos) que, por sí solos, siguen un patrón reconocible.

Así, un conflicto elemental de información que gira sobre el eje «conocer» *versus* «ignorar» algo, nunca puede ser confundido con un conflicto normativo puro, donde lo relevante es el ajuste de la conducta a la norma social. Ahora, transcurridos diez años desde la definición de los 16 tipos de conflictos elementales, no hemos encontrado motivos ni para aumentarlos ni para reducirlos.

Si el paso del tiempo nos ha mostrado algo relevante es que, en la medida de lo observable, existen múltiples combinaciones de todos ellos y con distintos grados de intensidad.

Si nos damos cuenta, estamos prescindiendo de las causas de un conflicto elemental porque aquello que entendemos relevante es su patrón, es decir, la forma binaria en que ese conflicto se presenta y puede identificarse de manera prototípica.

La analogía, la búsqueda de parecido de una cosa con otra, siempre ha ayudado a resolver problemas, desde las matemáticas al derecho. La vía que ensayamos es acercarnos a un conflicto concreto tratando de ver en qué se parecen, y eso es precisamente lo que permite el patrón de conflicto.

22. EL EPISODIO DE CONFLICTO

Un episodio puede ser visto como una escena en una película. La escena abarca una tensión inicial, su desarrollo y un desenlace dentro del marco más amplio de lo que sucede. Así, una crisis febril en el marco de una enfermedad. O bien, un ataque de celos en un conflicto amoroso.

El ámbito temporal en el que transcurre el conflicto es importante. Un episodio puede ser una escena pero, también, una parte encadenada a otros episodios que forman la película, siguiendo con la metáfora.

Es preciso conocer si se trata de una situación puntual o enquistada en el tiempo. El examen de las circunstancias conducirá a determinar qué momento es el relevante para el inicio de la situación conflictiva para cada una de las partes.

Un episodio de conflicto se tiene que poder discriminar en el marco de la interacción. Tiene un principio y un desarrollo hasta el momento en que se examina. Si el cine y la literatura siguen los patrones de la vida, el conflicto es el nudo en una secuencia de hechos que se destaca de los demás.

Sin embargo, es preciso resaltar que los perfiles de cualquier conflicto tienden a ser borrosos en el marco de la interacción social. Esto no debería preocuparnos en exceso (como siempre hemos afirmado). Así, la identificación correcta de los elementos principales nos orienta a un tema —el del estudio del conflicto—, donde lo único que cuenta es la aproximación y no la precisión.

Las partes definen el episodio de conflicto de la manera más significativa para cada cual. Dónde empieza el conflicto, cuándo sucede algo relevante, etc. forman parte del inicio de lo que ha ocurrido. La descripción escrita del mismo, de manera sucinta, tiende a ser muy aclaratoria, y además permite aplicar recursos tecnológicos basados en la lingüística y el análisis del conflicto[62].

23. LOS ESQUEMAS COGNITIVOS

Precisamos la idea de «esquema cognitivo» para entender mejor la metodología: *un esquema cognitivo puede ser definido como una representación mental de algo.* Puede o no tener representación gráfica, como los planos de una casa; o bien representar un proceso, como pudieran ser las instrucciones de montaje de una máquina.

Podemos imaginar un esquema como un formulario que contiene una información predeterminada que rellenaremos con los datos solicitados. El esquema condiciona y orienta ordenando la información. Los esquemas cognitivos se forman de varias maneras, fundamentalmente por repe-

---

62 Para ampliar la idea buscar «*Latent semantic anlysis*» y los trabajos pioneros anteriores de SCHANK, R y ABELSON, P.

tición. En el cerebro se organizan yendo de lo general a lo particular, y de lo indiferenciado a lo preciso. Un esquema se adquiere por tres vías básicas:

a. Acumulando información. Por ejemplo, ya sabemos qué es un gato, pero no distinguimos razas, tipos de gatos, etc.
b. Mediante repetición. Los medios de comunicación tratan de incorporar ideas insistiendo en ellas con la intención de influir en la opinión pública. Otros ejemplos son todas las rutinas en las que nos movemos diariamente.
c. También por reestructuración. La expresión «Me rompe los esquemas» se refiere a eso precisamente; así, un acontecimiento nuevo que nos obliga a repensar: «¡Caramba, ahora la calle X es de sentido contrario!».

Los esquemas guían la percepción y la comprensión, jerarquizan la información y nos permiten tomar decisiones muy deprisa. La expresión: «es redonda y bota», que solamente facilita información de dos característica concretas, una estable y otra dinámica, conduce en nuestro entorno cultural a evocar, generalmente, «una pelota».

Únicamente tres palabras: «volante», «ruedas» y «gasolina» hacen aparecer en nuestra mente la imagen física de un coche. Esto es un fenómeno de evocación que realiza el cerebro. El coche podrá tener formas muy variadas, pero reunirá esas tres características. Es así cómo funciona el cerebro.

Lo que estamos viendo es que, con muy poca información, el cerebro completa —en milésimas de segundo— el resto de la misma para alcanzar el concepto deseado.

Para que esto ocurra, el cerebro tiene que tener asentado el concepto clave buscado, sea la pelota o el coche y debe poder imaginarlo en sus distintas variantes. A este concepto clave le llamamos «prototipo».

24. LOS PROTOTIPOS

Un prototipo permite la analogía porque deja paso a la comparación, que es la primera y más importante forma de comprensión.

Este fenómeno no ocurre solamente con los objetos y fenómenos físicos, también ocurre en los procesos psicológicos. Si somos capaces de tener claro cómo es cada «conflicto elemental» a la manera prototípica, el análisis se orienta muy fácilmente.

Un prototipo es un ejemplo modélico. Veamos un caso: un conflicto elemental de información sigue un patrón único. En este caso, la comunicación ha sido insuficiente, o sobreabundante o se ha distorsionado.

Por ejemplo, ignoro si mañana habrá huelga de taxis y esto es relevante para mí; no tengo claro si las ondas de los teléfonos móviles producen cáncer (hay muchos estudios y contradicciones); se ha demostrado que el cambio climático no existe (y la ciencia dice justo lo contrario). Estos conflictos referidos a la información se abordan desde las teorías de la comunicación.

Cada conflicto elemental requiere tener su propio prototipo, por lo que hay que interiorizar hasta 16 ideas esquemáticas que permitan una comparación rápida. Esto se aprende muy deprisa.

25. RAZONAMIENTO ANALÓGICO E INFERENCIA

En términos generales, la analogía es entendida como: *aquella actividad que permite comprender un dominio parcial o totalmente desconocido, en función de un dominio conocido o familiar.*[63]

Estamos muy entrenados en el razonamiento analógico. En realidad, cada vez que somos capaces de poner un ejemplo de algo para ilustrar cualquier aspecto de la vida cotidiana, estamos aplicando el razonamiento analógico. Tratamos de acercarnos a algo desconocido a partir de lo que sabemos y esto supone un proceso denominado «de inferencia».

---

[63] ESPINO, O.G. (2004). *Pensamiento y razonamiento*, p. 147.

La inferencia es una deducción basada en la lógica. Así, no puedo ver que está lloviendo, pero observo que todo el mundo lleva un paraguas abierto y el cielo está nublado, tampoco es ninguna fiesta, luego deduzco que está lloviendo.

Lo que hacemos de manera muy rápida es conectar nuestra experiencia, es decir, lo que ya sabemos, a un suceso o hecho con el que podemos establecer una o varias relaciones de semejanza.

El tren no ha llegado a su hora, pero la verdad es que casi nunca llega a la hora fijada, de lo cual deduzco que lo más probable es que vaya con retraso, como tantos días.

El razonamiento analógico requiere un punto de partida, algo sobre lo que aplicar la comparación de manera que puedan establecerse deducciones. Este rol de anclaje lo ocupan los prototipos de los conflictos elementales.

Un ejemplo: veo a dos personas que se están pegando. Ignoro el resto de la escena, pero sé que la pelea física busca un vencedor y un vencido, por tanto, la violencia está relacionada con la relación de poder. Infiero que, además de otras circunstancias desconocidas en ese momento, hay un patrón de conflicto de poder.

La búsqueda de relaciones de similitud entre cosas o sucesos diversos es lo que facilita entender una situación concreta, establece patrones de semejanza y aproximación. Sin estos patrones, el aprendizaje no sería posible, porque el mismo es acumulativo. *Para saber algo hemos de relacionarlo con lo que ya sabemos.*

En morfología de conflictos, es preciso tener los prototipos lo más claros posible. Es así porque son los que permiten la comparación rápida y, por tanto, la toma de decisiones respecto a lo que sucede.

Aunque las partes no tengan, lógicamente, ningún prototipo, el gestor de conflictos debe tenerlos claros para poder evaluar o discriminar el análisis de la situación que hayan hecho las partes.

26. DEL PARADIGMA A LA HERRAMIENTA

La tarea de la ciencia es convertir en útiles sus planteamientos teóricos. Pretender un cambio en la forma de pensar el análisis de conflictos, supone introducir algún plus en lo que venimos haciendo hasta la fecha. Ya vimos que el estudio de las causas, muchas veces, no conduce a un conocimiento suficientemente eficaz del conflicto, por abundantes y diversas razones.

El campo del reconocimiento de patrones ha avanzado mucho en los últimos quince años desde que empezamos a plantearnos su utilidad en conflictología. No solo esto, también las herramientas tecnológicas lo han hecho.

Hoy en día, si lo datos se facilitan de manera adecuada, el ámbito de la Inteligencia Artificial es capaz de efectuar análisis muy detallados por comparación de conflicto a conflicto, y establecer unas primeras orientaciones de acción en base al aprendizaje que efectúan las propias máquinas. *Pero lograr eso supone entrenarlas y facilitarles muchos casos unidos por algún criterio común.*

Lo fundamental para el gestor de conflictos es tener idea de si en su experiencia puede aplicar la analogía de un supuesto a otro. Esto supone ver qué tiene en común un episodio de conflicto con otro.

En resumen, qué es lo que no varía y, si existen diferencias, dónde se hallan. También cuáles son las expectativas iniciales de las partes en conflicto.

El análisis de conflictos por patrones supone pensar más en términos de forma que de causa. También implica la detección de los conflictos elementales que contiene un caso concreto, la ponderación de la dominancia hacia algún patrón de conflicto en particular, y una vía de acción de manera orientativa.

Como todo cambio en la manera de pensar supone un aprendizaje, la mejor manera es usar una herramienta que se adapte a las necesidades de quien precisa una intervención eficaz.

Bajar de las ideas a la práctica y experimentar no es más que aplicar el modelo de ensayo/error que tanto ha sido experimentado.

Desde el año 2000, que venimos manejando estas ideas, no solamente hemos adquirido práctica en el uso *offline* del reconocimiento de conflictos elementales por el patrón que siguen, también hemos tenido ocasión de aplicar la teoría en entornos seguros y casos concretos. Lo que ha permitido perfeccionar la herramienta que en este trabajo se ofrece de manera más integral, sin perjuicio de su desarrollo tecnológico.

Actualmente, la herramienta consta de cuatro partes diferenciadas:

d. Un espacio estructurado para una definición abierta del conflicto, con el fin de recoger la síntesis del mismo en el significado profundo para cada una de las partes.
e. Un espacio estructurado para ponderar los patrones que sigue un conflicto determinado. Esto permitirá un examen de similitudes posterior entre conflictos.
f. Una parte estructurada para ponderar las diferencias que puedan existir respecto de otros conflictos.
g. Una parte estructurada para ponderar las expectativas iniciales de las partes en orden a facilitar la tarea del gestor de conflictos.

Todo esto supone entender los conceptos básicos de la metodología y su función en la misma. Vamos, pues, a plantearlo. Al efecto, véase la herramienta completa en el Anexo I de este trabajo.

27. DESCRIPCIÓN DEL EPISODIO DE CONFLICTO EN LA HERRAMIENTA

La versión actual de la herramienta CATDOS© incluye un breve apartado para que cada una de las partes pueda describir con sus propias palabras, de manera breve, lo que crea conveniente respecto del conflicto. Esta fórmula ha sido probada *online* y pone de manifiesto que las personas somos capaces de resumir y sintetizar en pocas palabras lo que sucede.

El texto se reclama especialmente corto, porque en realidad su única finalidad es examinar la concordancia respeto del análisis de los patrones del conflicto.

Si la tensión emocional es muy alta, las partes pueden reclamar más espacio. No lo estimamos pertinente y es mejor dejar un breve lapso de tiempo para que puedan ordenar las ideas. Las palabras usadas y el discurso son relevantes para un posterior análisis.

Describa Vd. sucintamente en qué consiste el conflicto

Figura nº 11
Parte descriptiva en la herramienta CATDOS©. REDORTA, J. (2017)
Fuente: Elaboración propia

28. EXAMEN DE LAS SIMILITUDES EN LOS CONFLICTOS

El examen de las similitudes o disimilitudes de un conflicto con respecto a otro tiene un área importante de desarrollo en el ámbito del derecho, y así se ha formado la jurisprudencia. El jurista examina si su caso ha sido ya tratado por los tribunales anteriormente y cuál ha sido el resultado obtenido. En el mundo de lo jurídico este trabajo es absolutamente relevante.

Recientemente el análisis de la documentación legal puede efectuarse a través de procesos de Inteligencia Artificial. «Watson» es el *software* desarrollado por IBM que permite aunar los análisis cuantitativos muy específicos del campo de la Inteligencia Artificial con los análisis cualitativos propios y más específicos de las ciencias sociales.

La aparición de «Watson» en el año 2011 significa la inauguración de lo que ha tendido a llamarse la «Era Cognitiva». Un cambio profundo en el desarrollo de la propia Inteligencia Artificial. Es el encuentro de las ciencias puras con las ciencias sociales.

Ahora las palabras y el discurso cobran un nuevo brío, y todo el material acumulado en los grandes centros de tratamiento de datos procedente de imágenes y videos de todo tipo, *whatsapps*, correo electrónico, etc., significa una entrada de información muy importante si se aplica a algo concreto. Ya no cuentan solo los números, ahora cuentan las palabras y las imágenes.

La descripción, pues, de los conflictos podrá ser sometida a un importante tratamiento tecnológico que aportará novísima información respecto de las partes en conflicto, aunque para esto habrá que esperar un poco más de tiempo.

Lo que está claro es que aparecerán visibles patrones de comportamiento de todo tipo en los conflictos, y que el nivel de orientación del gestor podrá mejorar muchísimo con estos nuevos recursos .

Mientras todo esto sucede, el análisis de conflictos por patrones es una metodología menos ambiciosa, pero de resultados claramente prácticos y que se orienta al conflicto concreto.

Presentamos a continuación la versión nueva de la herramienta que en 2004 bautizamos como «Conflict Analysis Tipology», en una nueva versión mejorada, pero con los mismos planteamientos de fondo y que hemos denominado CATDOS©.

EXAMEN DE SIMILITUDES
Análisis de Patrones de Conflicto

Conflict Analysis Typology **(CATDOS)©** REDORTA,J. (2017) ©			**Grado de apreciación**				
			Muy bajo	Bajo	Medio	Alto	Muy alto
			Puntuación				
			1	2	3	4	5
SER	1	PROTECCIÓN DE AUTOESTIMA					
		Disputamos porque mi orgullo personal se siente herido.					
	2	VALORES					
		Disputamos porque mis valores o creencias fundamentales están en juego.					
	3	IDENTIDAD					
		Disputamos porque el problema afecta a mi manera íntima de ser lo que soy.					
	4	INFORMACION					
		Disputamos por algo que se dijo o no se dijo o que se entendió de forma distinta.					
SEGUIR	5	EXPECTATIVAS					
		Disputamos porque no se cumplió o se defraudó lo que uno esperaba del otro.					
	6	INADAPTACION					
		Disputamos porque cambiar las cosas nos produce tensión.					
	7	ATRIBUTIVO					
		Disputamos porque el otro no asume su responsabilidad o culpa en la situación planteada.					
	8	INHIBICION					
		Disputamos porque claramente le corresponde al otro poner la solución.					
CONSEGUIR	9	PODER					
		Disputamos porque alguno de nosotros quiere mandar, dirigir, o controlar más a otro.					
	10	NORMATIVO					
		Disputamos porque se incumple una norma legal o social.					
	11	INCOMPATIBILIDAD PERSONAL PERSISTENTE					
		Disputamos porque no nos entendemos como personas habitualmente.					
	12	LEGITIMACION					
		Disputamos porque el otro no está de alguna manera autorizado a actuar como lo hace, lo ha hecho o pretende hacerlo.					
MANTENER	13	RECURSOS ESCASOS					
		Disputamos por algo de lo que no hay suficiente para todos.					
	14	ESTRUCTURAL					
		Disputamos por un problema cuya solución requiere largo tiempo, esfuerzo importante de muchos, o medios más allá de nuestras posibilidades personales.					
	15	INTERESES					
		Disputamos porque mis deseos o intereses son abiertamente contrapuestos a los suyos.					
	16	INEQUIDAD					
		Disputamos porque la acción o conducta del otro u otros las sentimos enormemente injustas					

Figura nº 12
Parte de la herramienta CATDOS© para el Análisis de Patrones de Conflicto
Fuente: REDORTA, J. (2004,2007) con adaptaciones 2017

Como puede verse, tenemos una tabla con los 16 tipos de conflictos elementales que teníamos definidos, los ponderamos a partir de una frase redactada en sentido afirmativo que contiene el patrón, y los agrupamos por macropatrones.

Debemos observar que lo que llamamos «definición operativa de patrón»[64], se refiere a una conducta o percepción típica e identificable, o bien a otros aspectos no conductuales, pero, en todo caso, muy relevantes y siempre identificables.

Esta definición operativa permite a las partes seleccionar, de forma clara, su percepción de inclusión o no del supuesto en cada tipo elemental de conflicto. Así encontramos el patrón o patrones de cada conflicto concreto.

Examinemos el siguiente conflicto:

> *Se reúnen cuatro hermanos para tomar una decisión sobre qué hacer con la madre que se ha hecho mayor y está enferma.*
>
> *Todos manifiestan querer mucho a la madre pero todos tienen buenos motivos para no tenerla en su casa (trabajo, ya la tuvieron, mala relación, etc.).*

Y ahora este otro conflicto:

> *El ayuntamiento ha decidido instalar una depuradora de aguas en la ciudad. Aunque el proceso de tratamiento del agua es eficaz, en verano se pueden desprender algunos olores desagradables.*
>
> *Todos los consejos de barrio reconocen la necesidad de que las aguas se depuren. Sin embargo, cada barrio tiene buenas razones para no instalar la depuradora en el suyo (este barrio ya tiene muchas infraestructuras, nosotros no contaminamos, etc.).*

En una mirada superficial, ambos conflictos no tienen nada en común. Uno se refiere a un problema familiar; el otro, a una infraestructura a instalar. Sin embargo, más allá de toda diferencia, y partiendo de la información que tene-

[64] Se indica más adelante lo que es el concepto en el punto 34 de este trabajo.

mos, ambos conflictos son más parecidos de lo que resulta a primera vista.

Dejando por ahora otros matices y elementos, ambos tienen una «morfología» idéntica. Los dos siguen una morfología basada en un patrón típico de inhibición. En el sentido de que tenemos la percepción de que los costes de la decisión que adopte cada parte en el conflicto pueden ser mayores que los beneficios que obtengan.

Es evidente también que hay intereses contrapuestos, y descubrimos que ambos conflictos pueden seguir una morfología de conflicto de intereses. Si examinamos las conductas reales, descubriremos que en ambos supuestos hay conductas de acción/bloqueo y manifestaciones de deseos/oposición.

La consecuencia de esto es que las morfologías subyacentes a estos conflictos (en el nivel que estamos examinando ahora tentativamente) se reducen a dos patrones de conflicto: inhibición e intereses. El resto los podemos considerar patrones subsidiarios.

Este resultado nos hace concluir que, si sabemos cómo hay que actuar ante un conflicto definido con estos dos elementos, eso guiará nuestra acción. Para saber esto hemos de tener claro qué hacer ante conflictos elementales y prototípicos[65].

29. CONCEPTOS FUNDAMENTALES EN EL EXAMEN DE SIMILITUDES

Como ya hemos afirmado, antes conocer qué patrón o patrones sigue un conflicto determinado es fundamental y crítico, porque esto es lo que permite centrar y orientar la intervención en un primer análisis.

Así, por ejemplo, la aparición de uno o más patrones dominantes en un conflicto concreto permite orientar la

---

[65] Las posibles estrategias de gestión de un conflicto que se derivan del análisis por patrones las tenemos desarrolladas por el autor en la obra de 2011 titulada *Gestión de conflictos.*

intervención, en función de ese patrón o de los patrones dominantes que aparezcan.

Es conveniente tener en cuenta que el patrón es un elemento que aporta mucha información totalmente crítica sobre un conflicto, y al mismo tiempo nos permite apelar a lo que sabemos respecto a cómo manejar los procesos subyacentes de cada patrón. Por ejemplo, veamos algunas pautas de intervención en función de cada patrón de conflicto:

1. Protección de autoestima

Es un patrón de conflicto que tiende a estar infravalorado respecto a la importancia que realmente tiene, porque los ataques a la autoestima son fuente directa de alta agresividad. Conviene objetivar el merecimiento, el autoconcepto y la competencia personal.

2. Valores

La óptica de intervención en los conflictos de valores puros es la pedagogía social. Son los problemas más difíciles de resolver. Hay que deconstruir los valores en conflicto para construir un valor común asumible, y eso requiere tiempo, proceso y al menos una mínima cooperación.

Las partes no solo no escuchan, sino que sesgan la información reiteradamente. Los conflictos interreligiosos y los vinculados a la tradición respecto a la modernidad, o a valores culturales asentados, pertenecen a este patrón.

3. Identidad

La presencia de este patrón indica casi siempre altos niveles de conflicto y tensión emocional. Si el patrón se refiere a la identidad social como es la pertenencia a comunidades específicas, pequeñas muestras de reconocimiento pueden ayudar a rebajar tensiones.

Las cesiones demasiado rápidas tienden a aumentar el conflicto. La exploración de lo que ocurre y sus causas debe ser muy cuidadosa, en la base pueden hallarse causas estructurales.

4. Información

Este conflicto elemental puro se afronta desde las técnicas de comunicación. Es uno de los patrones normalmente más fáciles de afrontar, cuando se dispone de la información relevante o se trata de distorsiones de la información, malentendidos, etc.

Cuando la información es excesiva, conviene pensar en la técnica del «*fact finding*» para objetivar los hechos[66]. La aparición de rumores está claramente vinculada a distorsiones en la comunicación.

5. Expectativas

La presencia de frustraciones normalmente tiene que ver con las expectativas. Conviene examinar el proceso de formación y la base de estas expectativas. También procede reducirlas para adecuarlas a la situación real. Hay que reconocer la legitimidad de las mismas como regla general. Resulta imprescindible controlar los aspectos agresivos que tiende a generar la frustración.

6. Inadaptación

El patrón de inadaptación se vincula mucho a los procesos de cambio. Explorar quién intenta cambiar algo y a costa de quién. Examinar los síntomas de ansiedad y estrés en la situación planteada. En los casos en los que alguna parte implicada es muy poco flexible, reevaluar lo sucedido en la historia del proceso de socialización.

7. Atributivo

Esencialmente, tiene que ver con cómo damos la culpa o la responsabilidad a alguien. Por regla general, la explicación a las partes de cuáles son los principales sesgos que suceden en la imputación mutua de responsabilidades ayuda a la resolución del conflicto. Conviene tratar de situarse más en el futuro que en el pasado, más en las soluciones que en las culpas.

---

66 YARN, D.(1999). *Dictionary of Conflict Resolution,* p. 178

8. Inhibición

Las partes hacen una evaluación inconsciente de que los costes para cada una de ellas son superiores a los beneficios que obtienen como resultado del conflicto planteado. Es conveniente examinar las conductas de evitación. También explorar los miedos más o menos explicitados. Y, sobre todo, aumentar beneficios respecto a costes como estrategia de resolución.

9. Poder

Un conflicto de poder típico puede adoptar muchas formas que van desde la agresión a la manipulación. Es preciso conocer los mecanismos y fuentes del poder para intervenir adecuadamente.

10. Normativo

Conviene examinar la interpretación jurídica o social de las normas. Es necesario darse cuenta de lo que supone toda desviación de la pauta generalmente aceptada.

En problemas grupales, conviene plantearse que pueden existir minorías que deseen cambios o pidan influencia. Un análisis efectivo de las pautas que sigue un grupo puede ser muy relevante.

11. Incompatibilidad personal persistente

Es un conflicto de raíces profundas en las relaciones interpersonales, en su forma más pura. En los grupos, tratar de cambiar interlocutores tiende a mejorar el problema. Procede controlar la tendencia a la agresividad y procurar contener a las partes.

Este patrón tiene difícil expectativa de resolución. Conviene ahondar en el pasado para comprender mejor. La separación de las partes, o minimización de la interacción, acostumbra a ser la salida más frecuente y aconsejable.

12. Legitimación

Todo lo relativo al reconocimiento mutuo entre las partes, en particular las bases en que se apoya o no el mismo, está en este patrón. Conviene explorar también los aspectos normativos aplicables al caso que puedan estar presentes o sean invocados. Acostumbra a aparecer la invocación a la legitimidad. Como vemos, todos ellos son aspectos muy vinculados a la legalidad vigente.

13. Recursos escasos

Es conveniente examinar los criterios de distribución del recurso objeto de discusión y las necesidades relativas de las partes. Muchas veces se trata de recursos económicos, pero no siempre.

Se debe evaluar el proceso de competitividad que siempre existe en la base de este patrón. Muy fácilmente, los conflictos de recursos escasos se convierten en conflictos de poder, sobre todo, si escalan; y, en este caso, tienden a hacerlo de manera rápida.

14. Estructural

Los conflictos estructurales tienden a estar cronificados y mal adaptados en el tiempo al entorno social. La prisa nunca es buena para los conflictos estructurales.

Una huelga puede hacer emerger un conflicto estructural y pretender que la misma se resuelva en una negociación rápida, normalmente es un planteamiento incorrecto, en el sentido de que hay que adoptar decisiones provisionales. Esto permite evaluar después correctamente el problema estructural.

Hay que ponderar los recursos y medios disponibles para que las partes puedan hacer frente a un problema complejo. Normalmente esto requiere un equipo.

15. Intereses

La primera óptica de afrontamiento es la negociación y la mediación estándar, que son figuras de resolución de conflictos de uso preferente ante la evidencia de este patrón.

Las soluciones tienden a alcanzarse de forma relativamente rápida, dependiendo de las condiciones de las que la negociación parta, de los estilos de negociación y de la presencia de otros patrones al mismo tiempo.

16. Inequidad

En este patrón de conflicto alguna de las partes tiene la percepción de que no es tratado con justicia. Conviene examinar en términos de equidad la veracidad de los datos. La valoración es muy subjetiva y las emociones suelen implicarse rápidamente. Se da una tendencia a la escalada en términos generales.

30. LA EXPRESIÓN DEL PATRÓN DE CONFLICTO

Llamamos «definición operativa del patrón», en la herramienta CATDOS©, a la frase afirmativa única que cada patrón de conflicto contiene. Cada uno de los 16 patrones de conflictos viene referido a esa frase afirmativa que contiene el patrón concreto de cada conflicto elemental.

De esta manera, la afirmación «disputamos porque mi orgullo personal se siente herido» contiene totalmente el patrón de protección de autoestima. El grado de acuerdo o desacuerdo con esta afirmación nos indica el nivel de activación del patrón para un sujeto concreto.

La expresión de cada patrón utiliza un lenguaje fácilmente comprensible y lo que se pretende es una asociación mental rápida con la situación de conflicto. Sin embargo, esto no significa que lo que se afirma en cuanto al grado de acuerdo pueda ser verdad al cien por cien.

Las palabras, todas las palabras, son malos descriptores de la realidad mental. Al establecer la intensidad de la presencia de un patrón de conflicto y la dominancia de los distintos patrones, se pretende marcar una determinada orientación del conflicto en orden a ponderar qué estrategias cabe seguir después para su resolución.

Aunque el lenguaje utilizado en las definiciones tiende a ser universal, pueden existir variables culturales e idiomáticas que cambien la idea central del mensaje. Así pues, en contextos culturales específicos, el mensaje que contiene el patrón debe ser ponderado y, en su caso, aclarado.

Así, la afirmación que corresponde al patrón del conflicto de poder expresada en estos términos: «disputamos porque alguno de nosotros quiere mandar, dirigir o controlar más al otro», está referida a una situación de cierto grado de igualdad en las relaciones de poder.

Es obvio que en el marco de un conflicto entre empleador y empleado la percepción del poder no será la misma para una parte que para la otra. Típicamente, se puede observar que los ejecutivos de empresa tienden a ser bastante ciegos respecto a los conflictos de poder que generan, y que son vividos de manera inversa por sus empleados.

Este sesgo tiene que ver con la propia configuración de la relación laboral donde se produce un intercambio básico de actividad profesional y obediencia a cambio de salario. Los abusos de poder tienden a pasar desapercibidos a la persona que ejecuta la función de mando o liderazgo.

En algunas culturas profesionales específicas pueden existir sesgos que obliguen a matizar algunas de las afirmaciones que contienen los patrones. Así, y por ejemplo, si ponderamos el patrón de conflicto de inadaptación definido como «disputamos porque cambiar las cosas nos produce tensión», y lo referimos a la cultura de cualquier administración, puede resultar que cambios menores reflejen altos niveles de tensión.

En resumen, lo que estamos afirmando es que, pese a la universalidad de los conflictos elementales reseñados, la expresión del patrón que los concreta y pondera puede precisar algunas adaptaciones que maticen, quiten ambigüedad y encajen mejor en función de culturas diversas.

31. LA INTENSIDAD DEL PATRÓN DE CONFLICTO

En el ámbito de los conflictos, la subjetividad está siempre presente porque tiene que ver con el significado. En esencia, el significado es aquello que un caso, una circunstancia o una disputa, representa para cada una de las partes. Un chiste puede representar una cosa jocosa para una persona y un agravio para otra, según la clase de chiste.

Se demuestra que una vez que las partes reconocen la existencia de un conflicto sobre la base de los patrones que representa, hay grados de apreciación. Para una persona muy orientada a sus valores y creencias, una incidencia con —pongamos por caso— su religión puede ser extremadamente grave, lo mismo que para otra puede tener mucha menos importancia.

¿Cómo ponderamos el grado de intensidad de esta percepción claramente subjetiva y variable? Una herramienta que ha resultado muy útil en la práctica científica ha sido la llamada «Escala de Likert».

La escala de Likert pide fijar el grado de acuerdo o desacuerdo con una afirmación predeterminada. Creada en 1932 por Rensis Likert, es uno de los instrumentos más utilizados en psicometría y en ciencias sociales. Su expresión básica, aunque no la única, es, a modo de ejemplo, la siguiente:

		Muy en desacuerdo	En desacuerdo	Indeciso	De acuerdo	Muy de acuerdo
1	La seguridad es un privilegio de ricos.					
2	La causa de los accidentes está en defectos de fabricación de las máquinas.					
3	Las normas de prevención de accidentes no sirven para nada porque la gente no las cumple.					
4	En la vida siempre ha habido catástrofes y es inútil evitarlas.					
5	Cada uno tiene su destino y si se ha de accidentar, por más seguro que trabaje, se accidentará.					
6	No vale la pena usar protecciones porque la faena cunde poco.					

Figura nº 13
Modelo de escala de Likert: ejemplo
Fuente: Internet

Una importante ayuda al respecto la proporcionan medios estadísticos de aplicación posterior. Uno de los más usados es la denominada curva normal o «campana de Gauss». Véase un ejemplo como representación gráfica de fenómenos aleatorios:

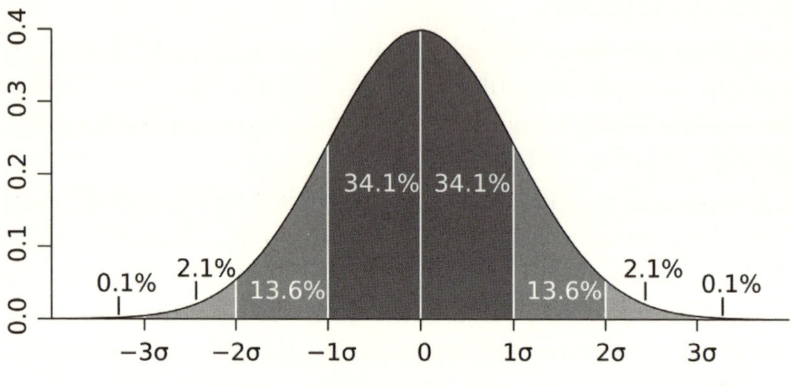

Figura nº 14
Modelo de curva de Gauss: ejemplo
Fuente: Internet

En otras palabras, una vez que se tiene —desde la subjetividad— estimado el grado de acuerdo respecto de la presencia de un patrón de conflicto, pueden cuantificarse casos y examinarse índices de probabilidad.

El manejo estadístico de miles de casos proporcionará tendencias cuantitativas, que pueden significar indicadores respecto a probabilidades de que una conducta determinada pueda tener o no éxito. El rol de la tecnología es manejar eficazmente esta información.

32. LA DOMINANCIA DEL PATRÓN DE CONFLICTO

Los 16 tipos de conflictos elementales de la herramienta CATDOS©, una vez han sido ponderados en un caso concreto, deben ser examinados desde el punto de vista de la dominancia de los conflictos elementales expresados por los patrones detectados.

Entendemos por «dominancia» la aparición en grado alto o muy alto de algún patrón de conflicto. La cifra que permite orientar al gestor de conflictos o analista hacia la intervención es, como máximo, tres.

Es decir, de los 16 tipos de conflictos de la herramienta, solamente deben considerarse relevantes a efectos de la intervención posterior ese máximo de tres, siendo el resto elementos a considerar como complementarios en el análisis. El aumento de esa cifra (más de tres patrones activados en grado alto o muy alto) exige que la parte sometida al cuestionario discrimine de por sí cuáles son los tres más importantes.

Como decimos, un conflicto normal en nuestro análisis debe perder la ambigüedad respecto a los patrones que se activan. Conviene repetir la prueba y examinar si existen puntos críticos. Suelen ser sesgos cognitivos o de razonamiento, también de percepción, que impiden establecer la dominancia correctamente.

En un caso extremo, un análisis cualquiera que diera por resultado que están en el grado máximo de acuerdo los 16 conflictos elementales es inmanejable. Solamente significa que se trata de un conflicto en fase de una muy alta intensidad y que, por lo tanto, la gestión del mismo deberá consistir inicialmente en rebajar la tensión emocional. Seguro que es un conflicto agudo y complejo.

En otro caso límite, un cuestionario donde los 16 patrones solo se aprecian en un grado mínimo, indica un conflicto inexistente o en fase muy latente. No existirá tensión emocional digna de ese nombre. Como máximo se tratará de un conflicto muy latente.

Aquellos conflictos que aparecen con intensidad media en todo el cuestionario son indicativos de falta de implicación o de evasividad por parte de la persona que se enfrenta al mismo.

De otro lado, la aparición de máxima intensidad de dos patrones de conflicto perfila, de manera muy importante, las características del mismo. Esto facilita enormemente el resultado del análisis y la elección de estrategias de intervención.

33. LOS PATRONES SUBSIDIARIOS

Hemos denominado «subsidiarios» al resto de patrones que no aparecen como dominantes en el conflicto. La idea es que en el momento del análisis se ponen de manifiesto los patrones dominantes. Pero lo cierto, es que ninguno de los patrones que pertenecen a un conflicto elemental es ajeno en algún modo a ese mismo conflicto.

De esta manera, un conflicto que siga como patrón dominante un patrón de intereses no podrá eludir que existan situaciones de inequidad, de información, de inhibición, etc. según el caso concreto.

La función de los patrones subsidiarios, desde el punto de vista del análisis, es invitar a pensar en detalles que puedan ser relevantes para entender mejor lo que ha sucedido o está sucediendo.

Sin embargo, esto sirve para matizar o relativizar la orientación central del conflicto, que se seguirá rigiendo por la dominancia de los patrones que definen el mismo. Ayudará a tener en cuenta la selección de estrategias de solución a aplicar en la intervención.

Cualquier conflicto incluye demasiados elementos a tener en cuenta, pero es fundamental centrarse en los aspectos básicos para poder orientarse debidamente.

En una metáfora, un barco para navegar precisa un rumbo, un estado de la mar y una evolución de las condiciones del propio barco. Esencialmente solo hablamos de tres elementos. Es claro que podemos profundizar mucho en el estado de la mar, en las condiciones del barco y en la propia selección del rumbo en función de las otras dos condiciones.

Lo que estamos afirmando es que un exceso de información dificulta la tarea del analista y del gestor de conflictos. Hay información que puede ser relevante en un momento dado y no en otro momento. Saber si está permitido girar en una calle hacia la derecha o izquierda es muy importante en el momento de tener que efectuar el giro, no así en otros momentos de la conducción. Los patrones subsidiarios tienen esa función.

34. LA PRESENCIA DE MACROPATRONES DE CONFLICTO

Nuestras vidas están muy organizadas, quizás a pesar nuestro. Nacemos sin que nadie nos haya pedido permiso. Morimos sin desearlo, salvo las excepciones suicidas y pocas más. Y, además estamos llenos de deseos marcados por procesos biológicos y culturales.

El ciclo vital de las personas, bien estudiado por Erik Erickson en el siglo pasado, estableció, desde la psicología evolutiva, hasta ocho estadios de la vida en los que en diferentes fases predomina un objetivo examinado desde su teoría psicosocial. Veamos el siguiente cuadro:

ESTADIOS	CRISIS EMOCIONALES	FUERZAS BÁSICAS
1. Infancia	Confianza *vs.* Desconfianza	Esperanza
2. Niñez	Autonomía *vs.* Vergüenza	Voluntad
3. Edad de juego	Iniciativa *vs.* Culpa	Finalidad
4. Edad escolar	Trabajo *vs.* Inferioridad	Competencia
5. Adolescencia	Identidad *vs.* Confusión	Fidelidad
6. Juventud	Intimidad *vs.* Aislamiento	Amor
7. Adultez	Generatividad *vs.* Estancamiento	Cuidado
8. Vejez	Integridad *vs.* Desesperanza	Sabiduría

Figura nº 15
Etapas de desarrollo vital en E. Erikson
Fuente: Elaboración propia sobre trabajos de ERIKSON, E. (2000)

Es cierto que algunas etapas de la vida propician más la aparición de determinados conflictos Pero, desde nuestro punto de vista y a efectos de su aplicación al análisis de los conflictos, no nos resulta particularmente práctica esta tipificación para enmarcar adecuadamente nuestros conflictos elementales.

Erik Erikson se fijó en los conflictos elementales que marcan nuestro ciclo vital. Pero esto no nos ayuda a agrupar de la mejor manera aquellos 16 tipos de conflictos que hemos señalado desde el punto de vista de la morfología.

Su punto de vista tiene que ver con la identidad y con los objetivos en cada etapa que recorremos en nuestro íter vital. Sin embargo, la morfología que planteamos es transversal a toda nuestra existencia. No obstante, parece lógico pensar que en algunas fases vitales del individuo aparezcan más patrones de conflicto de una clase que de otra, como ya hemos afirmado.

De ahí que hayamos tenido que concebir un esquema tentativo que creemos se ajusta de manera amplia a las prácticas sociales. *Nuestra visión nos dice que existen cuatro funciones básicas que pueden ser definidas sucintamente por cuatro verbos: SER, SEGUIR, CONSEGUIR Y MANTENER.*

El SER es referido tanto a la construcción de la identidad propia como a la construcción de nuestros valores personales, compartidos o no por la cultura; o también, a la protección de nuestra autoestima y al intercambio de información en nuestras interacciones sociales. Este intercambio de información —los otros— nos configuran como somos.

A partir de ciertos estadios de la vida, SEGUIR forma parte de la lucha de la existencia. Nuestras expectativas, las atribuciones de nuestros éxitos o fracasos y de la responsabilidad en general, nuestras inhibiciones y bloqueos, y la adaptación al entorno tienden a tener una gran relevancia.

En las etapas de madurez cobran importancia central aspectos siempre presentes, como las relaciones de poder, las normas sociales de todo tipo, la legitimación social de nuestros actos y la percepción de incompatibilidades irresolubles.

A esta fase la hemos llamado CONSEGUIR, en cuanto que entendemos que busca acaparar lo que tendemos a creer respecto a nuestro rol vital y nuestro mundo personal satisfactorio.

Llamamos MANTENER a toda una estructura de conflictos elementales que es cierto que pueden aparecer en cualquier estadio de la vida, pero que presentan mayor virulencia en las etapas más avanzadas del ciclo vital. Las luchas por recursos escasos, las luchas de intereses, los conflictos de orden estructural y la inequidad social son relevantes.

Sin embargo, *la función de los macropatrones que adoptamos, aunque estos tengan que ver de alguna manera con los ciclos vitales, es agrupar conflictos elementales para facilitar la exploración de un conflicto concreto.* Así, es preciso ver claro que un conflicto de poder puede estar vinculado a otro de legitimación o normativo, aunque las partes no lo manifiesten, por ejemplo.

Sin duda en un conflicto de protección de autoestima, aunque se diferencie de uno de identidad, hay puntos en común a considerar. En resumen, esta agrupación de conflictos elementales, que hemos denominado «macropatrones», tiene por función mejorar la calidad de la valoración de los patrones que se perciben.

35. LA LÓGICA BORROSA EN EL ANÁLISIS DE PATRONES DE CONFLICTOS

El hombre y la mujer han estado siempre ávidos de certezas. La búsqueda de «la verdad» ha dado sentido a la filosofía, a las religiones y a las creencias; muchas veces, por cierto, inverosímiles. En el siglo XVII, con el racionalismo, «la verdad» tenderá a objetivarse y la visión empírica de las cosas nos conducirá a la idea de objetivación, medición y certeza. Réné Descartes, en su *Discurso del Método* llegará a afirmar[67]:

> «*Es verdad muy cierta que, si no está en nuestro poder discernir las mejores opiniones, debemos seguir las más probables*».

[67] DESCARTES, R. (1970). *Discurso del método,* p. 44.

Introducida la idea de probabilidad en los albores de la construcción de la ciencia, aquella inundará en los siglos posteriores la matemática, la estadística y la física. Ahora, el cálculo de probabilidades ocupará un lugar central para comprender mejor el azar, la incertidumbre, la repetición de fenómenos. Lo probable nos indica que algo es posible en un futuro incierto, con algún grado de estimación.

Sin embargo, la incertidumbre puede ser manejada de otra manera. En nuestro pensamiento occidental nos hemos acostumbrado demasiado a pensar en blanco y negro. En «sí» o «no». En «estoy dentro de casa» o «estoy fuera de casa». Le hemos enseñado al cerebro a trazar fronteras mentales en nuestra particular búsqueda de seguridad en un mundo incierto.

Aunque 2 + 2 sean 4, podemos llegar a la misma cifra 4 por otros caminos de suma y resta. Cierto que la afirmación 2 + 2 = 4 nos introduce en una idea conceptual de seguridad absoluta.

Lo que nos importa destacar es que esta seguridad absoluta la transmitimos a nuestra forma de pensar. Así «si es blanco, no es negro». Ciertamente es así, pero hemos reflexionado poco sobre nuestra percepción del blanco y el negro. Por ejemplo, los esquimales pueden tener hasta una docena de percepciones del color blanco, mientras que nosotros nos perdemos los matices. La gama de los grises es muy importante. Los científicos afirman, incluso, que el color no existe y que depende de nuestro aparato sensorial.

El mundo occidental, frente a la filosofía oriental, ha tratado muy mal los aspectos contradictorios de la vida. Las grandes verdades occidentales han sido muy relativizadas en la cultura de miles de millones de personas. En el punto más álgido de la noche, empieza a nacer el día, por ejemplo. La distinción noche/día no es tan obvia como indican las palabras.

El mundo es gris, pero la ciencia es blanca y negra[68]. Hemos estado, y en buena parte estamos, en el positivismo lógico de la ciencia. El mundo es borroso, pero queremos verlo claro y la descripción del mismo no lo es. Las mismas palabras

---

68 KOSKO, B. (1995). *Pensamiento borroso*, p. 21

que nos sirven de descriptores de la realidad nos inducen a fuertes errores. Verdadero o falso, esta es la cuestión. Sin embargo, la realidad puede tener partes de verdad y partes de falsedad que muchas veces resultan indistinguibles.

Hasta hace pocos años nos hemos basado en una única lógica, la lógica bivalente. Si es A, no puede ser B. Es cierto que esto ha sido muy útil, por ejemplo, en el desarrollo de la computación, pero esta no es la única verdad de la vida.

Si bien la probabilidad ha demostrado ser una poderosa herramienta para hacer predicciones, no puede trabajar con elementos que no sean concretos y específicos. De ahí que se precise otra forma de pensar y enfocar la realidad. Y esto se llama multivalencia.

La realidad se vuelve borrosa cuando nos acercamos a ella. Los bordes nunca son exactos. Una línea que separa el concepto de juventud del de vejez ¿puede ser trazada si no hay una convención social? ¿Hasta qué punto me siento mal hoy? La manzana que me estoy comiendo ¿en qué momento dejará de ser manzana en mi estómago? La realidad, el mundo, tiene muchos factores. Los reducimos a «A» o «B» para comprender mejor, pero esto para muchos fenómenos resulta insuficiente. La lógica multivalente añade otra forma de pensar.

Todo es cuestión de grado. Éste es el principio de la lógica multivalente que a partir de ahora llamaremos lógica borrosa (fuzzy logic). La lógica borrosa nos dirá que entre el 0 y el 1 hay todo un amplio campo de exploración. Márgenes de aproximación frente a exactitud, este es un importante principio que rige la lógica borrosa.

Actualmente, una consulta a Google[69] por el entrecomillado «*fuzzy logic*» proporciona casi siete millones de respuestas. Esto solo da una ligera idea de la importancia de la lógica borrosa. Multitud de aparatos se basan en la misma.

El más elemental termostato se basa, no en la idea de frío/calor, sino en el rango en que se experimenta el frío y el calor, con niveles de probabilidad. Obviamente, la computación, sin abandonar la lógica bivalente, ha incorporado la multivalente; y un conjunto de matemáticas nuevas se ha elaborado a partir de estas ideas.

---

[69] Consulta efectuada el 4 .5.17.

La forma de pensar en lógica borrosa es útil para la gama de grises y, por tanto, se ajusta perfectamente a la mejor comprensión de las situaciones de conflicto, donde hay muchos grises y multivalencia.

Ahora, cuando estemos ante un conflicto concreto, prescindiremos más de la exactitud en aras de la sencillez, en aras de la comprensión del fenómeno. Aproximación, duda y orientación van a ser palabras que nos sirvan. No se trata de buscar el GPS, sino la brújula, para derivar direcciones que serán exactas en cierto sentido.

El «más o menos» va a ser más importante que el «exactamente hacia dónde». El reconocimiento de que la indeterminación y el azar tienen un papel será relevante. La directriz tentativa nos guiará en el camino y, al encontrar nueva información, corregiremos el sendero a recorrer.

Ahora dejarán de ser relevantes hasta cierto punto, los casos de frontera, las definiciones, los líos de palabras. La clasificación de los conflictos dejará de tener que ser algo exacto, para ser más simple y aproximada.

Cualquier tipo de conflicto elemental pasará a tener, en el límite, perfiles borrosos y eso dejará de preocuparnos porque lo importante será la tendencia, más que la exactitud. El análisis de los patrones de conflicto puede tener, por tanto, dosis de indefinición. Sin embargo, existirán puntos críticos a explorar a fin de resolver de algún modo las situaciones de ambigüedad.

La analogía por comparación con prototipos bien definidos va a ayudarnos sobremanera. Ahora, la subjetividad ponderada en la escala de Likert nos va a permitir evaluar la intensidad de cada uno de los patrones. Sin la idea de lógica borrosa, los patrones de conflicto no resultan analizables.

36. LA IDEA DE PROCESOS SUBYACENTES

Una situación de conflicto, cualquiera que sea, se mantiene porque están activos unos procesos psicosociológicos que la sostienen. Metafóricamente, podríamos decir que la olla está hirviendo porque debajo hay un fuego que la calienta. Si el fuego se apaga, la olla dejará de hervir. Sin embargo, lo que es importante es que tenemos un mecanismo de regulación y esta idea nos conviene retenerla.

La idea de procesos subyacentes al conflicto es la misma: podemos actuar sobre aquello por lo que el conflicto sigue activo. Aunque en la metáfora que estamos siguiendo la fuente de calor es única, no sucede así en las situaciones conflictivas.

Cada conflicto elemental tiene varios procesos subyacentes que lo sostienen. Además, un conflicto cualquiera puede tener hasta tres conflictos elementales dominantes y algunos otros subsidiarios, por lo que ya podemos deducir que el problema es mucho más complejo, aunque lo simplifiquemos a efectos de análisis y comprensión.

La idea esquemática que sigue nos indica que cualquier conflicto al que nos enfrentemos tiene un patrón o patrones derivados de uno o varios conflictos elementales; que, además, de seguir patrones que implican la semejanza respecto de otros conflictos, también incorpora diferencias que hemos incluido en el llamado «Perfil del Conflicto».

El patrón nos permite reconocer la clase de conflicto o conflictos elementales de los que está formado. Esto es algo así como decir que tenemos agua (un conflicto), notemos que esa agua está conformada por H2O, es decir por dos átomos de hidrógeno y uno de oxígeno.

Sin embargo, esto es verdad para el agua pura. Lo cierto es que el agua puede contener sales minerales, residuos contaminantes, etc., lo que equivale a decir que — normalmente— el agua es «más que agua».

De la misma manera, cualquier conflicto se caracteriza por tener patrones dominantes y patrones subsidiarios. Los patrones dominantes (la fórmula del agua) nos indican ante qué clase de conflicto estamos, para ello hemos de ser capaces de reconocer esos patrones e identificarlos correctamente.

La identificación de los patrones debe realizarse prestando atención al discurso, como medio más eficaz de minimizar los errores, a lo que puede ayudar la identificación de procesos subyacentes que se detecten. Veamos la ilustración:

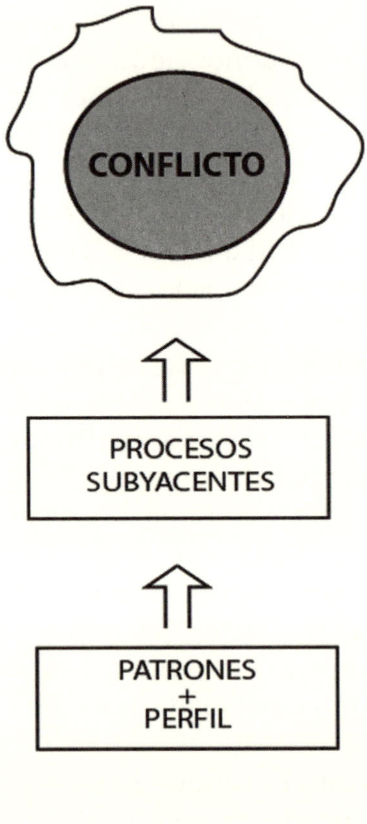

Figura nº 16
Conexión entre patrón, conflicto y procesos subyacentes
Fuente: Elaboración propia (REDORTA, J., 2017)

Veamos un ejemplo: el patrón del conflicto elemental de «expectativas» tiene básicamente los siguientes procesos subyacentes:

a. Frustración
b. Anticipación
c. Motivación de expectativa
d. Probabilidad y expectativas racionales
e. Desempeño de roles

Es sabido que la rotura de expectativas produce frustración. Luego, si identificamos este proceso en un conflicto, será preciso saber manejar las situaciones frustrantes para poder gestionarlo adecuadamente.

Otro ejemplo: es sabido que la ejecución de roles (marido, profesional, hijo, etc.) produce conflictos, precisamente porque estos contienen expectativas mutuas. Cuando vemos problemas vinculados a los roles, nos orientamos rápidamente a un conflicto elemental de expectativas.

No es preciso que se puedan identificar todos los procesos subyacentes enunciados, basta alguno de ellos para identificar mejor el patrón que sigue el conflicto; pero si se trata de intervenir para resolver la situación, es preciso ponderar en cuál o cuáles procesos subyacentes está la clave del conflicto concreto.

37. EXAMEN DE DIFERENCIAS ENTRE CONFLICTOS

Si ya tenemos claro que los patrones de conflicto se refieren a la parte más invariable del mismo, la que establece su repetición, sus posibilidades de identificación destacándose de otros; nos interesa ahora entrar en la parte que confiere variabilidad a un conflicto.

No es lo mismo una situación conflictiva con altas emociones implicadas, que otra cuya tensión emocional es muy baja en el momento de examinarla, como así sucede en conflictos cronificados en el tiempo.

En la literatura científica hemos encontrado hasta 10 aspectos altamente significativos que configuran de alguna manera la «variabilidad» de un conflicto respecto de otro. *Cualquiera de estos 10 aspectos afecta, no tanto al patrón o patrones de conflictos hallados en un caso concreto y, por tanto, a la morfología del mismo, como a la selección de estrategias posteriores de intervención.*

En otras palabras, es distinto un conflicto en la fase de escalada, que un conflicto en la fase de desescalada. En el primer supuesto el conflicto tiende a ir a más; en el segundo, se desea resolver de algún modo la situación, pero las partes no saben cómo hacerlo por la desconfianza que se ha generado, entre otros motivos.

El cuadro que presentamos ahora lo elaboramos en 2007 y ha sido contrastado en multitud de prácticas e intervenciones reales. La experiencia nos indica que la definición de los parámetros es la correcta.

También, que se trata de una herramienta de aproximación a la variabilidad de los conflictos desde la subjetividad de la persona que tiene información sobre lo que sucede. Hemos llamado a esta parte: PERFIL DEL CONFLICTO y se presenta de la siguiente manera:

EXAMEN DE SIMILITUDES
Perfil del Conflicto

CONTEXTO										
Facilita el desarrollo del conflicto	1	2	3	4	5	6	7	8	9	Dificulta el desarrollo del conflicto
SIGNIFICADO										
Pocas y débiles Emociones implicadas	1	2	3	4	5	6	7	8	9	Muchas y fuertes Emociones implicadas
CICLO										
Desescalada	1	2	3	4	5	6	7	8	9	Escalada
PODER										
Simétrico	1	2	3	4	5	6	7	8	9	Asimétrico
NIVEL										
Interpersonal	1	2	3	4	5	6	7	8	9	Intergrupal
PARTES										
Únicas	1	2	3	4	5	6	7	8	9	Múltiples
DURACIÓN										
Corta	1	2	3	4	5	6	7	8	9	Larga
COMUNICACIÓN										
Fluida y fiable	1	2	3	4	5	6	7	8	9	Distorsionada
DESENCADENANTE										
Identificado	1	2	3	4	5	6	7	8	9	Desconocido
FUENTES										
Causas conocidas y aceptadas	1	2	3	4	5	6	7	8	9	Causas desconocidas y rechazadas

Figura nº 17
Perfil del Conflicto
Fuente: REDORTA, J. (2007). *Entender el conflicto.* Editorial Paidós.

La finalidad de este cuadro es facilitar, dentro del ámbito de la subjetividad, la ordenación de la información que afecta al caso concreto, de manera que permita examinar la variabilidad del mismo con relación a otros casos, al menos en aspectos determinados.

El Perfil toma su forma en otra escala de Likert que relaciona dos aspectos antagónicos, lo que exige ponderación. Véase en el Anexo III el significado de cada ponderación y cómo debe ser interpretado.

Vamos ahora a entender mejor estos 10 aspectos que configuran la variabilidad en la morfología de los conflictos. Veamos:

Contexto

Se entiende por *contexto* el clima social, económico o político en el que se desenvuelve el conflicto. Así la falta de dinero, en un contexto de restricción de créditos, dificulta la solución de un conflicto.

Significado

Se entiende por *significado* el valor que para cada cual tiene el conflicto concreto. Las emociones nos dicen qué cosas son significantes para cada uno en un momento dado. De ahí, la importancia de una valoración de las emociones implicadas en el momento de iniciar una intervención.

Ciclo

Se entiende por *ciclo* la evolución del conflicto en el tiempo. Nos fijamos en la tendencia. ¿Disminuye el conflicto? ¿Va a aumentar? Es una impresión personal basada en la metáfora de la escalera. Escalar es aumentar el conflicto. Desescalar es lo contrario. ¿Cuál es su impresión de lo que viene a partir de ahora?

Poder

Se entiende por *poder* el conjunto de relaciones que las partes mantienen entre sí desde el punto de vista de sus posiciones de dominio. Una relación simétrica implica que el poder está más o menos equilibrado. En una relación asimétrica, que no hay tal equilibrio. Por ejemplo, el poseedor de un ordenador está en una relación asimétrica frente a Microsoft. No así Microsoft con respecto a Apple. Estamos muy entrenados en la práctica social para estas valoraciones.

Nivel

Se entiende por *nivel* la percepción relativa de a cuántas personas afecta el conflicto. El nivel «interpersonal» se refiere a dos personas concretas. El siguiente nivel es el «grupal», en este caso el conflicto afecta a un grupo de personas como tal, puede que a un equipo, un departamento o una familia.

El conflicto se vive como cosa de todos. El próximo nivel es el «intergrupal» y, en este caso, el conflicto afecta al menos a dos grupos bien definidos. Un departamento de una empresa enfrentado a otro; un sindicato, con otro; una parte de la familia, con otra parte de la familia, etc.

Partes

Se entiende por *partes* la percepción de que el conflicto afecta de manera directa o indirecta, pero muy significativa, a más de una persona o más de un grupo con intereses enfrentados entre sí.

No es la misma situación que unos padres estén enfrentados con todos sus hijos, a que lo estén por un lado al hijo mayor y por otro al hijo menor, por poner un ejemplo. Véase pues si solo hay dos partes «únicas» o hay partes muy diversas implicadas, o «múltiples».

Duración

Se entiende por *duración* la percepción del tiempo que hace que la situación conflictiva existe. Su valoración va de «corta» y por tanto evaluable en días, semanas o pocos meses; hasta «larga», entendiendo por tal, más o menos, meses o años.

Comunicación

Se entiende por *comunicación* la percepción de hasta qué punto la otra o las otras partes facilitan la comprensión mutua. En situaciones de conflicto, esto está muy ligado a la confianza/desconfianza existente en el momento. Una comunicación muy distorsionada equivale a que los mensajes sean malinterpretados continuamente.

Desencadenante

Se entiende por *desencadenante* el hecho que provoca que el conflicto se inicie. No debe confundirse con la causa del conflicto. Una cerilla puede ser el desencadenante de un incendio, pero la causa es que la gasolina es inflamable, por ejemplo. Se evalúa aquí la conciencia de conocer o no qué hecho hace emerger el conflicto preexistente.

Fuentes

Se entiende por *fuentes* la percepción de asumir o no las causas del conflicto planteado. Unas causas conocidas y aceptadas implican reconocer, por ejemplo, que un conflicto concreto se originó al recibirse la orden de efectuar un trabajo que se sabía que no podía terminarse en plazo. La causa es la carga de trabajo ya preexistente. El desencadenante la orden dada.

38. EL EXAMEN DE LAS EXPECTATIVAS

La expectativa es la evaluación subjetiva de la posibilidad de alcanzar una meta concreta. No deja de ser una orientación hacia el futuro en base a una experiencia nuestra de pasado y a una ponderación de las circunstancias presentes.

Las expectativas tienen ese componente que el dicho popular ha descrito como «nadie es más fácil de engañar que uno mismo». El deseo de que suceda algo concreto, muchas veces motivado por ansiedades o miedos, hace que la subjetividad se incremente. El hecho de tener que poner realismo en las expectativas de las partes es una de las funciones de cualquier gestor de conflictos.

Tienden a clasificarse las expectativas de dos maneras: de eficacia y de resultado[70]. La expectativa de resultado es, por ejemplo, pensar que una intervención quirúrgica sin riesgo especial será superada por el paciente. En cambio, la expectativa de eficacia sería que el médico pensara que sus habilidades de cirujano le permitirán resolver los problemas —quizás aún desconocidos— que puedan presentarse en esa misma intervención quirúrgica.

EXAMEN DE EXPECTATIVAS

EXPECTATIVA Redorta, J. (2017)©	1	2	3	4	5
Que alguien se disculpe					
Que haya una compensación económica					
Terminar el problema					
Ahorrar tiempo					
Mantener las buenas relaciones					
Sostener «que tenía razón»					
Reciprocidad en los intercambios					
Mantener la autoestima					
Hundir al adversario					
Que se reponga algo					
Que se cambie una conducta					
Evitar costes de litigio					
No sentar un precedente					
Evitar un castigo					
Defender valores de equidad y justicia					
Darse importancia, destacarse					

Figura nº 18
Examen de expectativas
Fuente: Elaboración propia, REDORTA, J. (2017)

[70] REEVE, J. (1994). *Motivación y emoción*, p. 191

En una situación de conflicto, las partes —cada una de ellas— tienen sus propias expectativas y esto es importante para el gestor de conflictos. La falta de habilidad en el manejo de las expectativas puede dar al traste prematuramente con la resolución del conflicto, o facilitar la escalada del mismo.

En el instrumento que presentamos en la nueva versión hemos incorporado este parámetro, por estimar que debe ser ponderado desde la perspectiva del mediador o gestor de conflictos.

La exploración de las expectativas siempre es un asunto delicado. Así, si nos referimos a una compensación económica al inicio de un proceso negociador, las partes pueden estar muy separadas y luego la aportación de mayor información puede hacer que estas expectativas cambien. O bien, que se produzcan verbalizaciones engañosas con el fin de obtener ventajas competitivas en la negociación.

Entendemos que tiene que haber cierta correlación entre los patrones de conflicto evaluados, el perfil del conflicto y las expectativas de las partes.

Una de las principales funciones del mediador o del gestor del conflicto, si vemos el proceso como una mediación estándar, es ayudar a las partes a aclarar y fijar sus objetivos.

El cuadro, una vez ponderado, es de gran ayuda para el resultado final del proceso de solución y, sin duda, permite entender mejor qué es lo que cada parte le pide de la otra.

39. IDEAS-FUERZA

LA INTENSIDAD DE LOS CONFLICTOS DETERMINA LA EXISTENCIA DE CONFLICTOS ELEMENTALES

LOS CONFLICTOS ELEMENTALES SIGUEN PATRONES ANALIZABLES

LOS PATRONES PUEDEN CONFORMAR HERRAMIENTAS DE ANÁLISIS

EL ANÁLISIS DE CONFLICTOS POR PATRONES BUSCA MÁS LA APROXIMACIÓN QUE LA PRECISIÓN. SU FUNCIÓN ES ORIENTAR

LOS PROCESOS PSICOSOCIOLÓGICOS QUE SUBYACEN A UN CONFLICTO OFRECEN LAS CLAVES PARA SU GESTIÓN

NO SE PUEDE GESTIONAR UN CONFLICTO SIN CONSIDERAR LAS EXPECTATIVAS DE LAS PARTES IMPLICADAS

TERCERA PARTE

ASPECTOS DINÁMICOS DE LA HERRAMIENTA CATDOS©

Erastótenes no tenía más herramientas que palos, ojos, pies y cabeza y grandes ganas de experimentar, con estas herramienta dedujo correctamente la circunferencia de la tierra con enorme precisión y un porcentaje de error mínimo.

Sagan, C.

40. IMPORTANCIA DEL CONOCIMIENTO BÁSICO DE LOS PROCESOS SUBYACENTES AL CONFLICTO

Aunque no es imprescindible una formación de psicólogo o sociólogo, todo buen conflictólogo, y más si su vocación es ser analista de conflictos, precisa una formación concreta que le será de alta utilidad en su análisis. Tampoco es necesario que sea muy amplia, pero hay cuestiones bien conocidas en la teoría del conflicto que pueden aprenderse con facilidad y son de alta utilidad y fiabilidad. Por ejemplo, aunque puede haber y, de hecho, hay otros puntos de vista, la teoría conocida como «Dollard-Miller» sobre la agresión y frustración es altamente orientativa. Así, ante una situación de violencia física o verbal es bueno preguntarse qué frustración o frustraciones hay debajo y, en este supuesto, qué expectativas han sido rotas.

Por tanto, como lo que buscamos no es precisión sino estimación, podemos decir: veo violencia doméstica, ¿cuál es la frustración? ¿Qué expectativa se ha roto? Ello nos ayudará de manera importante al considerar el caso.

Si esto es así, deberíamos reunir las reglas que rigen estos procesos de manera amplia en una formulación que sea útil y rápida para la persona que debe efectuar un análisis.

Lamentablemente, se ha intentado poco y la literatura está muy dispersa o bien es demasiado amplia. Pero si no se requiere precisión, como creemos, una recopilación clara de los recursos más útiles en cada proceso y quizás, la ayuda de un *software* adecuado, permitirían una orientación muy rápida[71].

---

[71] En el Anexo IV se cita un breviario de estos procesos subyacentes extraído de la obra del autor *Entender el conflicto.*

Aunque en el Anexo IV se resumen los procesos subyacentes que estimamos de relevancia en los conflictos elementales, no nos cabe la menor duda de que es preciso profundizar en la investigación de los mismos.

Cuanto más se trabaje con prototipos de conflictos elementales, más clara aparecerá la necesidad. Así, un conflicto elemental entre proveedor y cliente, vamos a llamarle «normal», por decirlo de algún modo, tendrá como proceso subyacente la negociación en sentido amplio.

Sin embargo, aun siendo tan usual dicha negociación y conociéndose tan bien como ya se conoce este proceso, observamos que pocos profesionales tienen formación eficaz sobre el mismo.

Lo que en definitiva estamos planteando, es que se precisa un mínimo de dominio de los procesos subyacentes para conseguir intervenciones eficaces posteriores al análisis de un conflicto, y que esto no debiera ser excesivamente complicado.

En el ámbito de la Inteligencia Artificial, Marvin Minsky[72], una verdadera referencia, tiene un esquema que esencialmente viene a decir que lo conveniente es reconocer los problemas y actuar de forma muy adaptada a cada uno de los mismos en su diversa tipología.

Figura nº 19
Esquema de Minsky simplificado
Fuente: Elaboración sobre ideas de MINSKY, M. (2010) en *La máquina de las emociones*. Ed. Random House Mondadori

La Inteligencia Artificial, en su esfuerzo para tratar de imitar los procesos mentales humanos, ha realizado un importante esfuerzo de simplificación del que podemos sacar mucho partido.

---

72 MINSKY, M. (2010). *La máquina de las emociones*, p. 45

Así, la heurística[73]; nos proporciona reglas de utilidad práctica del siguiente tipo: «Lo bueno si breve, dos veces bueno». O bien, «quien a buen árbol se arrima, buena sombra le cobija». Y también, «en caso de duda, el camino general». Y es claro que el cerebro humano es muy hábil buscando atajos que le permitan dirigir la acción.

41. PENSAR RÁPIDO E INTUITIVAMENTE

Ese «activar un modo de pensar» rápido supone tener preprogramada en el cerebro la acción general que conviene efectuar. No somos conscientes de la cantidad de rutinas que tenemos estandarizadas en la vida social. Así, si me levantan la voz, me pongo a la defensiva. Si me engañan una vez, desconfío en ocasiones posteriores, etc.

Malcom Gladwell, uno de los mejores divulgadores científicos en el campo de la psicología, opina que la toma de decisiones rápidas, lo que algunos llaman «el inconsciente adaptativo», es uno de los nuevos campos de la psicología de mayor interés. Su punto de vista es el siguiente:

> «Si los seres humanos hemos sobrevivido tanto tiempo como especie, es porque hemos desarrollado un sistema de toma de decisiones que permite hacer juicios muy rápidos basándonos en un mínimo de información».[74]

Sin duda alguna, el mejor de los expertos actuales en las cuestiones de toma de decisiones es Daniel Kahneman. En el año 2002 recibió el Premio Nobel de Economía junto a V.L. Smith por sus trabajos, siendo el primer no economista que recibía dicho premio. Oigámosle[75]:

[73] Para una explicación suficiente sobre heurismos, véase la p. 76 y siguientes de la reiterada obra *Entender el confiicto.*

[74] GLADWELL, M. (2005). *La inteligencia intuitiva,* p. 18.

[75] KAHNEMAN, D. (2013). *Pensar rápido, pensar despacio,* p. 24.

«Todos hemos oído historias de intuición experta: el maestro ajedrecista que pasa por delante de una fila de jugadores y anuncia sin pararse: «Blancas dan jaque mate en tres jugadas», o el médico que hace un complejo diagnóstico después de una sola mirada a un paciente. La intuición de los expertos nos parece mágica, pero no lo es. Cada uno de nosotros realiza muchas veces al día verdaderas proezas de experto intuitivo.

La mayoría de nosotros tenemos un oído perfecto para detectar un enfado en la primera palabra de una conversación telefónica, o para reconocer, cuando entramos en una habitación, que hemos sido tema de conversación; y rápidamente reaccionamos a señales sutiles de que llevar el coche por el carril de al lado es peligroso. Nuestras capacidades intuitivas cotidianas no son menos maravillosas que las asombrosas percepciones de un bombero o un médico experimentados; solo son más comunes».

Sostiene D. Kahneman[76] que la mente tiene dos sistemas a los que denomina sistema 1 y sistema 2.

El sistema 1 opera de manera rápida y automática, con poco o ningún esfuerzo y sin sensación de control voluntario. Mientras, el sistema 2 centra la atención en actividades mentales esforzadas que lo demandan, incluidos los cálculos complejos. Las operaciones del sistema 2 están a menudo asociadas a la experiencia subjetiva de actuar, elegir y concentrarse.

En definitiva, podemos decidir muy rápidamente muchas cosas de manera muy intuitiva, aunque algunas decisiones puedan tener sesgos cognitivos sistemáticos. Y ello, sin perjuicio de que haya cosas que conviene pensarlas reposadamente.

Llamamos heurismos —concepto que ya hemos utilizado— a algunos atajos mentales que utilizamos en nuestra vida diaria. Así, por ejemplo: «En una ciudad con fama de violenta, evitar salir por la noche». O bien, «si no puedes resolver un problema, mira si hay alguno similar ya resuelto». Y también, «si un experto dice que algo es malo, es probable

[76] KAHNEMAN, D., *op. cit.*, p. 35.

que lo sea». Insistimos en esta cuestión dada la importancia que damos a la toma rápida de decisiones.

Nuestra experiencia con la herramienta CATDOS© *offline* nos ha demostrado que las personas son hábiles en definir un problema que les afecta. Tanto si no tienen que pensarlo demasiado como si tienen que puntuar en el cuestionario, identifican los patrones de conflicto que les afectan en el caso concreto.

Esta práctica nos viene reforzada por los nuevos conocimientos de la neurobiología. *Simplexité* es una teoría propuesta por el neurobiólogo francés A. Berthoz en 2009, para explicar cómo procesos, tanto complejos como más simples, pueden ser efectuados de manera rápida por la mente humana.

Bhertoz parte de la idea de que la «*simpléxité*», palabra poco traducible y que él crea para aunar lo complejo y lo simple, está inscrita en todo lo viviente de manera que, en los procesos complejísimos de la vida, el cerebro es capaz siempre de encontrar soluciones rápidas, en cuanto que está evolutivamente preparado para una situación de supervivencia.

Sostiene el autor que únicamente cuatro familias de genes, y solamente cuatro, controlan la organización de los segmentos del cuerpo y que eso no impide que la anatomía de los nervios craneales pueda variar según las diferentes especies. Entiende que la biología no es simple, pero que las redes biológicas de interacción son mucho más simples de lo que parece.

Insiste Berthoz en que, a pesar de la increíble cantidad de patrones de interacción entre los genes, las redes neuronales que resultan de la interacción son construidas a partir de un número muy pequeño de lo que podría llamarse motivos[77].

Parece, pues, que, en el fondo, la inteligencia solamente es eso, la capacidad de buscar la unidad —un camino, el mínimo común divisor— entre una enorme diversidad de información.

Examinemos la propuesta de Alain Bhertoz para comprender que los heurismos[78], la rapidez en la toma de deci-

---

77 BERTHOZ, A. (2009). *La simplexité*, p. 18.

78 Las ideas aquí resumidas por el autor figuran en las páginas 19 a 35 de la

siones por las partes en conflicto al rellenar la información de la herramienta CATDOS©, tienen una base tanto psicológica como neurológica importante, que ya está confirmada por la práctica.

TEORÍA DE LA *SIMPLÉXITÉ* DE BHERTOZ

La inhibición y el principio de rechazo

Nuestras funciones ejecutivas nos dan la capacidad de inhibir las estrategias cognitivas primitivas o los reflejos innatos demasiado automáticos. Se puede decir que, de alguna manera, pensar es inhibir y desinhibir; que crear es inhibir las soluciones automáticas o aprendidas; que obrar es inhibir todas las acciones que no efectuamos.

El principio de la especialización y la selección

Una especie cualquiera no busca en el mundo nada más que los indicadores importantes para su supervivencia.

Decidir implica elegir las informaciones del mundo pertinentes en relación al objetivo de la acción.

El principio de anticipación probabilística

Trata de la anticipación y predicción con base en la memoria. Permite comparar los datos de los sentidos con las consecuencias de acciones pasadas y predecir las consecuencias de la acción en curso.

El principio de desvío

La aproximación a alguna cosa se hace a través de otra, de la misma manera que un simulador sirve para imaginar un vuelo en un modelo predefinido. Es preciso conocer que, para problemas complejos, los seres vivos tienen muchos mecanismos de tipo.

---

obra de A. BHERTOZ, *La simplexité*, ya citada.

El principio de cooperación y redundancia

El precio a pagar por la especialización y selección es que se pierde mucha información. Consiste este principio en reconocer que el cerebro debe tener varias evaluaciones de una misma variable para la percepción o la acción, puesto que evitar el riesgo de error es una prioridad.

El principio de sentido

Las soluciones «*simpléxés*» están conducidas por una intención. El sentido de esa intención está incrustado en el mismo acto que se ejecuta.

42. EL MÉTODO DE ASIGNACIÓN DE PATRONES

Tratemos ahora sobre cómo aplicar los cuatro cuestionarios propuestos.

> a.— El cuestionario «descripción del problema» dispone de corto espacio físico. Está pensado para obligar a sintetizar. Puede requerir unos minutos. Cuando se pide más espacio —lo que ocurre a veces— es un síntoma de tensión emocional.

Puede efectuarse en dos partes. En primer lugar, ajustado al espacio asignado. Si conviene, posteriormente, una vez completado el cuestionario, se facilitará más papel en blanco a la parte insatisfecha, que complementará la descripción inicial. Esto debe hacerse de manera restrictiva.

Generalmente, la primera descripción es la más significativa. Conviene, no obstante, ver también las matizaciones posteriores, si es el caso, e insistir un poco en la síntesis inicial que hace la parte que describe. Nunca son neutras las palabras que se utilizan y en experiencias *online* se ha comprobado que no se precisa más espacio.

> b.— Nos referimos en segundo lugar al «examen de similitudes», o lo que es lo mismo, al análisis

de patrones de un conflicto concreto. Se trata de pedir a cada parte que rellene el cuestionario. Esto supone una ligera preparación previa para indicarles que no tienen que pensar mucho las respuestas. La experiencia demuestra que en menos de cinco minutos el cuestionario queda rellenado. Es preferible que las partes lo hagan al mismo tiempo y sin comunicarse entre sí. *Conviene también explicar que se trata de una herramienta de análisis y se debe permitir que la lean previamente antes de contestar nada.* Esto logra que tengan una visión global y rápida de lo que se les está pidiendo.

La persona que efectúa el análisis examina qué información hay sobre la escala de 1 a 5 y qué patrones aparecen activados. Se debe observar el grado de consenso o disenso que muestran las partes sobre cada uno de los 16 elementos definitorios de un posible patrón de conflicto. A este nivel, los objetivos son:

1. Determinar qué grado de percepción común existe del conflicto, considerando de forma amplia los patrones más dominantes.
2. Discriminar qué patrones de conflicto son más significativos para las partes, o hasta qué punto un conflicto concreto se identifica con uno o varios patrones.
3. El resultado se puede expresar con una línea que une los 16 elementos (clasificaciones marcadas) para cada uno de los disputantes. Si esa valoración la hace más de una persona, la unión de las líneas significa consenso en un conflicto elemental concreto.

Dos problemas suelen aparecer. El primero se refiere a la imposibilidad de determinar la dominancia del conflicto. Es decir, las partes puntúan muchos ítems entre 4 y 5. En este supuesto, que normalmente es indicativo de una tensión emocional muy alta, conviene pedirles que repitan «lo más importante para ellos» hasta definir un máximo de tres patrones dominantes.

El segundo de los problemas se refiere a preguntas sobre no discriminación de algún patrón. En algunos supuestos de mucha ambigüedad es preciso seguir un proceso de discriminación. Podemos ayudarnos con las indicaciones del Anexo II sobre preguntas pertinentes para facilitar la discriminación de patrones.

Lo que se pretende es una «foto fija» para un momento dado de la evolución del conflicto, con independencia de su historia y evolución futura.

> c.— Pasemos ahora al «examen de diferencias»
>
> El examen de diferencias a través del PERFIL DEL CONFLICTO debe cumplimentarlo el mediador o gestor del conflicto. La historia, la información verbal, etc. configuran la información precisa para hacer una rápida valoración.

Debe tenerse en cuenta que es conveniente revisar que no haya demasiadas incoherencias. Por ejemplo, si la tensión emocional es alta, la comunicación debería aparecer distorsionada. Si el contexto es desfavorable a la evolución del conflicto, deben ponderarse los riesgos de escalada.

> d.— Finalmente, procede rellenar el apartado relativo a las «expectativas de cada una de las partes».
>
> Conviene una conversación privada y tener en cuenta que las expectativas iniciales tienden a ser muy altas y que pueden cambiar a medida que el proceso de aportación de información avance.

Puede ser adecuado fijar alternativas a la primera información de las partes, planteando claramente cuáles serían los mínimos aceptables para cada cual.

43. LA EVALUACIÓN NEUTRAL EXPERTA EXTERNA DE CONFLICTOS: UNA FIGURA DE FUTURO

El resultado final de este proceso se refleja en primer lugar con la visualización de las coincidencias y discrepancias en la asignación de los patrones que hace cada parte.

Es significativa la coincidencia, porque permite marcar la dominancia del conflicto. También la falta de coincidencia, ya que en este supuesto, representa una percepción distinta de lo que ocurre y es preciso aclararla.

Una vez conocida la dominancia del conflicto deben ponderarse los factores que lo condicionan, considerando el perfil del mismo. Indicamos en el Anexo III la forma de evaluar esta parte del instrumento.

Se hace preciso, también, comentar los errores que tienden a cometerse en la evaluación de las circunstancias de cualquier conflicto:

a. La emotividad poco neutra del gestor de conflictos tiende a distorsionar las informaciones que recibe.
b. La ausencia de prototipos hace que se pierda mucha información y que se haga difícil la interpretación.

Finalmente, una reflexión sobre la coincidencia, o no, de las expectativas de las partes debería establecer una ayuda para generar una estrategia de resolución del caso.

Cada patrón de conflictos tiene asignados ciertos procesos subyacentes que pueden ser examinados, y existen estrategias basadas en la teoría del conflicto. Estas estrategias son de tipo general o específico y deben seleccionarse cuidadosamente antes de iniciar cualquier tipo de intervención[79].

Afinando más, La EVALUACIÓN NEUTRAL EXPERTA EXTERNA sería la figura adecuada para encajar, en el amplio campo de la gestión de conflictos, la intervención de un analista de conflictos. Este sería la figura profesionalizada que tendría los conocimientos adecuados para establecer con rigurosidad la estrategia de intervención.

---

[79] Como hemos indicado, estas estrategias aparecen en la obra del autor *Gestión de Conflictos* (2011).

Inicialmente, la figura tiene su origen en el derecho, y se refiere al estudio del caso por expertos legales independientes en estadios iniciales del conflicto, a fin de facilitar acuerdos negociados posteriores. En España, la figura se conoce como «un dictamen» y tiende a ser efectuado por catedráticos en alguna especialidad del derecho.

Posteriormente, tanto la figura del «*fact finding*» como la de la «*neutral fact evaluation*», que se citan en el *Dictionary of Conflict Resolution*[80], ya extienden el campo de evaluación del conflicto a todos los hechos relevantes que configuran su aparición, evolución y —usualmente— recomendaciones de gestión e intervención de los mismos.

Un ejemplo a nivel macro de lo anterior serían las llamadas «Comisiones de la Verdad», que tienden a establecer hechos con posterioridad a conflictos armados. Sus miembros son independientes de las partes en conflicto, y acumulan pruebas relevantes para establecer después procesos de reparación y reconciliación por quien corresponda.

Típicamente, un informe escrito basado en esta figura que denominamos EVALUACIÓN NEUTRAL EXPERTA EXTERNA, debe contener los antecedentes del encargo, la metodología de investigación de los hechos, destacar aquellos que son relevantes en el conflicto, determinar qué procesos psicológicos u otros son notables en el conflicto concreto y efectuar recomendaciones de acción.

El analista que practica esta figura de resolución de conflictos no debería recomendar únicamente la mediación en el sentido que fuere, sino también tener claro conocimiento de las opciones que puede ofrecer el campo legal o el terapéutico, si fuera el caso. Como ya vimos al examinar el modelo S.E.D.A., el conocimiento de los recursos al alcance es una labor imprescindible[81].

---

80 Esta obra de YARN, D. H. de 1999, es el único diccionario de la especialidad y aunque precisaría una puesta al día dada la evolución del campo, sigue siendo una referencia en temas de conceptualización.

81 En los últimos años hemos realizado intervenciones prácticas diversas aplicando esta figura y los resultados han sido altamente esperanzadores. La mayor parte de estas intervenciones han tenido como escenario problemas grupales o interpersonales que han abarcado posteriormente a todo el grupo.

La formación de profesionales en esta técnica requiere efectuar un fuerte avance a dos niveles:

a. La elaboración de herramientas que mejoren la comprensión de los conflictos y que sean probadas en todo tipo de prácticas.
b. La profundización en la comprensión de los procesos que subyacen a cada tipo de conflictos.

Ambos aspectos están claramente interrelacionados, suponen tanto una fuerte potenciación institucional de lo mucho que hoy se conoce de la realidad conflicto en las áreas de investigación básica y aplicada, como la formación de profesionales que respondan a las necesidades de los nuevos tiempos.

Sin embargo, mientras estas circunstancias ocurren, sucede que lo mejor es enemigo de lo bueno; que los conflictos hay que seguir comprendiéndolos y gestionándolos con lo que tenemos a mano. Esto implica asumir algunos riesgos y generar experiencia. Solamente con la prueba de lo empírico se sale de dudas y se aprende.

Dicen que la forma más segura de errar es hacer el viaje con un mapa equivocado. Todo ello invita a una cierta revolución copernicana, para descentrar la formación en mediación y basarla algo menos en las técnicas de negociación y comunicación, que convienen, pero incrementando el conocimiento del conflicto con más profundidad. Así se enriquecerá el campo de la gestión de conflictos.

Auguramos un fuerte crecimiento de esta figura si se adoptan políticas generales de gestión de conflictos que abarquen la investigación, la práctica y la difusión, y se adaptan a las culturas profesionales que, sin duda, van a interesarse por aumentar sus recursos en este mundo convulsionado.

44. IDEAS-FUERZA

CONVIENE RECONOCER UN TIPO DE PROBLEMA PARA ACTIVAR UN MODO DE PENSAR ADECUADO AL MISMO

ESTAMOS ENTRENADOS EN TOMAR DECISIONES RÁPIDAS EN CONTEXTOS DE DIFICULTAD, CONTRA LO QUE SE PIENSA

LA NEUROBIOLOGÍA Y LA PSICOLOGÍA SABEN EXPLICARNOS POR QUÉ PODEMOS TOMAR DECISIONES RÁPIDAS EN ASUNTOS DIFÍCILES

LA HERRAMIENTA CATDOS© OFRECE UN MARCO DE COMPRENSIÓN RÁPIDO DE LO QUE SUCEDE

LA EVALUACIÓN NEUTRAL EXPERTA EXTERNA COMO FIGURA DE COMPRENSIÓN DEL CONFLICTO SE DESARROLLARÁ COMO UN NUEVO CAMPO AUTÓNOMO DE LA GESTIÓN DE CONFLICTOS

VAN A PRECISARSE PROFESIONALES DE NUEVO CUÑO PARA USAR NUEVAS HERRAMIENTAS

LA FORMACIÓN EN MEDIACIÓN Y GESTIÓN DE CONFLICTOS DEBE SER REVOLUCIONADA PARA ADAPTARSE A UN TIEMPO NUEVO

CUARTA PARTE

ALGUNAS HERRAMIENTAS FACILITADORAS DE INTERVENCIONES EN LA PRÁCTICA DE LA GESTIÓN DE CONFLICTOS

Nuestro trabajo, debería hacer soñar a la gente
Versace, G.

45. CERRANDO EL CÍRCULO

La frase de Arquímedes: «Dadme un punto de apoyo y moveré el mundo», refleja muy bien el poder de los instrumentos en general. Aplicada a la ley de la palanca, nos ilustra sobre cómo las herramientas potencian nuestras capacidades.

Dado que las principales dudas que tienen las personas que han de gestionar situaciones de conflicto se refieren al «cómo», presentamos hasta siete «herramientas» que son algunas reflexiones sobre aspectos concretos que facilitan cualquier intervención. Las hemos elaborado a partir de cosas ya conocidas, pero estimamos que su resumen y concreción ayudan a aclarar las ideas y a darles una mayor utilidad. Su implementación dependerá de cada persona, sin embargo, en esencia, la practicidad de las mismas está demostrada.

Igualmente, hemos añadido hasta cuatro anexos que son la presentación final de la segunda versión de la herramienta CAT©, bien conocida, y que hemos denominado CATDOS©; así como criterios de exploración y discriminación de patrones, cómo evaluar el perfil del conflicto y un muy breve resumen conceptual de los procesos subyacentes, de manera que simplifique la comprensión de personas poco habituadas al lenguaje de las ciencias sociales.

Entendemos que esto cierra el objetivo de este libro de ofrecer, de manera integrada, la técnica del análisis de conflictos por patrones. Sabemos que un breve entrenamiento puede ser útil para reducir inseguridades en su aplicación. Esperamos lograrlo.

45.1. INICIAR UNA INTERVENCIÓN

Para el gestor de conflictos, las dudas son amigas que nos ayudan a pensar. Ponerse a la acción requiere reflexionar tal vez sobre aspectos obvios, pero precisamente por serlos, a veces se olvidan.

La incertidumbre nos obliga a tener la mente abierta. Aunque es cierto que el cerebro tiene mecanismos inconscientes que nos permiten la alerta, hay aspectos que conviene repasar para nuestra propia tranquilidad.

La lista de preguntas para el gestor de conflictos que ofrecemos a continuación, no siendo exhaustiva, es pertinente generalmente para todos los casos, sea cual sea el mecanismo de intervención por el que se haya optado, desde el puro análisis hasta las soluciones más coercitivas.

La primera obligación del gestor de conflictos es hacer lo posible para generar o mejorar la confianza de las partes hacia sí mismo o su equipo. Es preciso estar muy atento a la comunicación no verbal que se emite y, como es inconsciente, vale la pena mantener una actitud franca, abierta, profesional y con la menor tensión posible.

Hay que tener en cuenta que para el mediador o el gestor de conflictos, desde luego para el analista, «el conflicto pertenece a las partes que lo sustentan». No es preciso poner en juego el propio prestigio profesional. Si alguien no desea —por las razones que fueren— que el caso no se resuelva, no se resolverá, a pesar nuestro. Esto no es indicativo exclusivamente de errores en el proceso que dirigimos, es una muestra más de la dificultad de tratar con temas complejos.

PREGUNTAS PERTINENTES

¿El momento es oportuno para iniciar una intervención?

¿Ha verificado Vd. las expectativas de cada parte?

¿Considera realistas las expectativas de cada cual?

¿Es objetivable lo que pretende cada uno?

¿Cuál es el grado de compatibilidad
de objetivos entre las partes?

¿Son conscientes de los costes de no
resolución del conflicto?

¿Puede evaluar de algún modo el nivel
de desconfianza entre las partes?

¿Tiene más o menos controlada la tensión
emocional entre las partes?

¿Las partes están interesadas en algún medio
específico de resolución del conflicto?

¿Alguien ajeno al proceso puede influir en su solución?

¿La toma de decisiones requiere consultas?

¿Ha verificado quienes están legitimados
para la toma de decisiones?

¿Están las partes dispuestas a implicarse
en el proceso de solución?

¿Puede Vd. dividir los problemas por partes?

¿Puede Vd. pactar una agenda?

¿Tiene Vd. un plan establecido al margen
de lo que digan las partes?

¿Están claros los costes de su intervención?

45.2. LA HERRAMIENTA DE PÓLYA

George Pólya fue un famoso matemático, nacido en Hungría, que alcanzó las más altas cotas de excelencia, falleció en 1985. Su obra, *Cómo plantear y resolver problemas*, escrita en 1944 y sucesivamente reeditada hasta la fecha, está traducida a muchos idiomas. Aunque el autor se refiere a problemas matemáticos, él mismo reconoce que en el fondo trata del proceso de solución de cualquier clase de problemas y, de hecho, sus ideas han servido, por ejemplo, para pedagogos y psicólogos.

Sus preguntas tratan de conducir de manera ordenada a la persona que debe resolver un problema a enfrentarse a él con éxito. Aunque ciertamente los niveles de abstracción y concreción en matemáticas son distintos de otras ramas del conocimiento, el proceso de razonamiento es de una clara generalización aplicable a la gestión de conflictos de cualquier clase.

La heurística, que él consolidó como método práctico de resolución de problemas y como guía para el descubrimiento de soluciones, se ha desarrollado en muchos campos. Su utilidad está fuera de duda. Sin embargo, contiene una simplicidad enorme ya que lo que cambia es la forma de ordenar el pensamiento para que el mismo se oriente a la solución buscada.

Hemos incluido un cuadro con sus preguntas fundamentales y, en los casos pertinentes, algunas aclaraciones nuestras, por entender que son adecuadas para un problema matemático, pero pueden inducir a confusión para otra clase de problemas.

La herramienta de Pólya	Comentarios adaptativos
COMPRENDER EL PROBLEMA ¿Cuál es la incógnita? ¿Cuáles son los datos? ¿Cuál es la condición? ¿Es la condición suficiente para determinar la incógnita? ¿Es suficiente? ¿Es redundante? ¿Es contradictoria?	¿Qué es en verdad lo que pretende resolverse? ¿Con qué elementos? ¿Qué limitaciones tenemos? ¿Estas limitaciones condicionan de manera extraordinaria el resultado? ¿Estas limitaciones son insuficientes, redundantes o contradictorias respecto de lo que se pretende resolver?
CONCEBIR UN PLAN ¿Se ha encontrado con un problema semejante? ¿Ha visto el mismo problema planteado de forma ligeramente diferente? ¿Conoce un problema relacionado con este? ¿Conoce algún teorema que le pueda ser útil? He aquí un problema relacionado al suyo y que se ha resuelto ya ¿Podría Vd. utilizarlo? ¿Podría utilizar su resultado? ¿Podría emplear su método? ¿Le haría falta introducir algún método auxiliar a fin de poder utilizarlo? ¿Podría enunciar el problema de otra forma? ¿Podría plantearlo de forma diferente nuevamente? ¿Podría imaginar un problema análogo un tanto más accesible? ¿Un problema más general? ¿Un problema más particular? ¿Un problema análogo? ¿Puede resolver una parte del problema? ¿Puede cambiar la incógnita o los datos?	Véase como el recurso a un teorema, sería en conflictología las explicaciones que pueden proporcionar alguna teoría o teorías concretas para afrontar el problema. Nótese la importancia de analizar por partes el problema. Nótese la importancia de replantearse el fondo del problema desde otro punto de vista. Es decir, ¿verdaderamente es este el problema? Destaquemos la importancia concedida a la analogía como fuente inicial y principal de búsqueda de soluciones. Aunque en el esquema de Pólya hay algunas preguntas más, entendemos que estas son las más relevantes a efectos de gestión de conflictos.
EJECUCIÓN DEL PLAN ¿Puede Vd. ver claramente que cada paso es el correcto?	A nuestros efectos, los pasos no serán tan claros, pero cuenta la tendencia hacia el resultado de cada paso.
VISIÓN RETROSPECTIVA ¿Puede Vd. verificar el resultado? ¿Puede verificar el razonamiento? ¿Puede obtener el resultado de forma diferente? ¿Puede verlo de golpe?	En gestión de conflictos los resultados tienden a no ser inmediatos. Pero en todo caso, la visión general inicial y el *feedback* en un tiempo dado son importantes.

Figura n° 20
Adaptación de la Herramienta de Pólya
Fuente: Elaboración propia

45.3. EL ROL DE LA CONFIANZA

La confianza es el cemento de la sociedad. No hay grupo humano sin una confianza mínima entre sus miembros. Puede decirse que la confianza que nos otorgamos unos a otros es una doble expectativa. Asumimos que el otro va a actuar como esperamos, que debe hacerlo en un marco de predictibilidad y regularidad.

En cierto modo, el problema central que se produce en la formación de un conflicto es una pérdida más o menos grave de la confianza mutua entre las partes. Se llega a veces a situaciones en que las partes desean resolver un asunto concreto, pero la experiencia anterior en la relación les hace pensar que sus propuestas van a fracasar. Desean una resolución del conflicto, pero no saben cómo lograrla.

Es esta situación una gran oportunidad para la mediación y para la gestión del conflicto, en general. Incluso en una simplificación, podríamos afirmar que el mediador es un «generador de confianza». Alguien capaz de garantizar mecanismos de sustitución de la misma cuando no existe, léase plantear avales para un caso concreto, plantear penalizaciones en supuestos de incumplimiento, etc.

En gestión de conflictos la confianza juega un doble papel. El mediador o gestor del conflicto debe procurar ganarse e ir incrementando la confianza entre partes con intereses opuestos, y esta cuestión siempre es delicada. Al mismo tiempo, debe trabajar con las partes de manera que trate de aumentarse la confianza entre ellas para inducir cooperación.

La actitud de respeto hacia las partes y sus intereses en conflicto expresada muchas veces en lenguaje neutral, en escucha activa, incluso en afectividad o empatía, siempre hacia todos, tiende a dar resultados en un entorno de alta susceptibilidad.

REGLAS A TENER EN CUENTA

1. No contravenir pactos acordados con las partes sin una previa renegociación de los mismos.

2. Facilitar las mejores condiciones de comodidad física para las partes y adaptación a sus condiciones de horarios, espacios, etc.

3. Admitir, si están mínimamente justificadas, críticas en cuanto al proceso a nivel de *feedback*, si las mismas son pertinentes.

4. Pactar la prohibición de las situaciones de amenazas, propuestas muy irreales o muy increíbles.

5. Reforzar acuerdos parciales entre las partes en conflicto y valorar su esfuerzo.

6. Acompasar la intervención al ritmo de las partes.

7. Tratar de deshacer temores e inquietudes de manera adecuada.

8. Encargar a las partes la búsqueda de informaciones pertinentes.

9. Otorgar reconocimiento siempre que sea posible y oportuno.

10. Escuchar, escuchar, escuchar.

45.4. LA GESTIÓN DE EMOCIONES

Las emociones nos indican qué cosas son importantes para nosotros en función de su significado. Manejar las propias emociones, lo que se conoce como regulación emocional, es distinto que gestionar las emociones de los demás, mucho más si están enfrentados por algún motivo, como sucede en los supuestos de conflicto.

Este es un campo donde hay abundante literatura al alcance de cualquiera y que se ha desarrollado mucho en los últimos años. Con el ánimo de ofrecer una herramienta de uso simple, que contiene consejos básicos para reorientar la situación ante la presencia de algunas emociones que siempre aparecen, hemos elaborado un cuadro.

Es conveniente explicar que la emoción básica que se indica es la denominación de una emoción raíz que puede tener otros nombres. Así, decimos «ira» pero, responde a situaciones que también pueden ser calificadas como rabia, cólera, rencor, odio, tensión, hostilidad, enojo, etc. y así en todas las otras emociones señaladas.

La estrategia básica se refiere a la idea central de cómo tratar la situación vista desde el gestor del conflicto. No obstante, una ampliación de estas ideas puede verse en la obra *Emoción y conflicto* (2006) de Redorta, J., Obiols, M y Bisquerra, R., que trata a fondo estas ideas y presenta la técnica que denominamos «lectura de emociones relevantes», y que está pensada específicamente para la gestión de conflictos en general.

ESTRATEGIAS DE MANEJO DE ALGUNAS EMOCIONES RELEVANTES

EMOCIÓN	ESTRATEGIA BÁSICA
IRA La función básica del enfado es defender nuestros intereses y nuestra persona.	Calmar/Desviar La reacción de ira es muy hormonal, conviene calmar si se puede, o redirigir la energía generada a cuestiones más neutras, al margen del propio conflicto.
MIEDO El miedo tiende a ser muy instintivo, nos prepara para luchar o retirarnos. A veces bloquea.	Comprender/Proteger Es útil saber cómo funciona esta emoción y ofrecer protección al que notamos que experimenta esta emoción.
SORPRESA Hay que recordar que una información sorprendente borra lo que está en mente.	Orientar/Prevenir Incorporar al proceso la nueva información. Estar atentos a la reacción posterior.
INTERÉS El interés siempre está presente, manda su intensidad en algún punto concreto.	Ayudar/explorar Observar en qué se centra el interés y explorar los motivos del mismo.
CULPA No confundir culpa con responsabilidad ni con vergüenza. Nunca la culpa ayuda a resolver conflictos. Tiende a afectar la autoestima.	Reducir/Desplazar Disculpar siempre que se pueda y atribuir la responsabilidad de lo sucedido a motivos ajenos al proceso.
DESAGRADO La aversión a algunas propuestas forma parte de la normalidad.	Explorar/Orientar Conviene conocer qué hay detrás de los rechazos emocionales y aplicar racionalidad a la situación.

Figura nº 21
Adaptación de manejo de emociones relevantes
Fuente: Elaboración propia

45.5. ESTILOS DE AFRONTAMIENTO DE CONFLICTOS

Los estilos de afrontamiento de conflictos nacen de la combinación entre comparar dos actitudes bien conocidas: la competitividad y la cooperación. Hasta qué punto prefiero salirme con la mía o buscar una solución conjunta con la otra parte.

Los estudios de Thomas, T.K y Kilmann, R. (1977) respondieron a esta pregunta y detectaron cinco estilos fundamentales de afrontar los conflictos, y la experiencia práctica demuestra que funcionan. Estos estilos pueden ser una forma habitual de afrontar los temas, o bien una estrategia usada en un conflicto determinado en función de sus circunstancias.

Así, cuando es conveniente una acción inmediata y decidida es adecuado usar un estilo competitivo. Mientras que, si el objetivo de las partes es lograr aceptación mutua, conviene el estilo de colaboración. Si un asunto no es importante o hay otros urgentes, o si hay otras personas más preparadas para resolver el tema, el estilo tiende a ser la evitación.

En otros supuestos, se piensa que para la otra parte el asunto es muy importante mientras que para nosotros no lo es; en este caso se sigue una estrategia o estilo de acomodación. En cambio, cuando se persiguen objetivos que son excluyentes, hay presión de tiempo o convienen soluciones temporales en temas complejos, el estilo es de compromiso, típicamente reflejado en las soluciones negociadas.

En general, no es muy difícil descubrir el estilo que adoptamos cada uno en nuestra manera de enfocar los conflictos. Existen cuestionarios que permiten detectarlos, aunque el uso de los mismos tiende a ser más de autoconocimiento del estilo propio y de mejor comprensión de la herramienta.

ESTILOS DE AFRONTAMIENTO DEL CONFLICTO

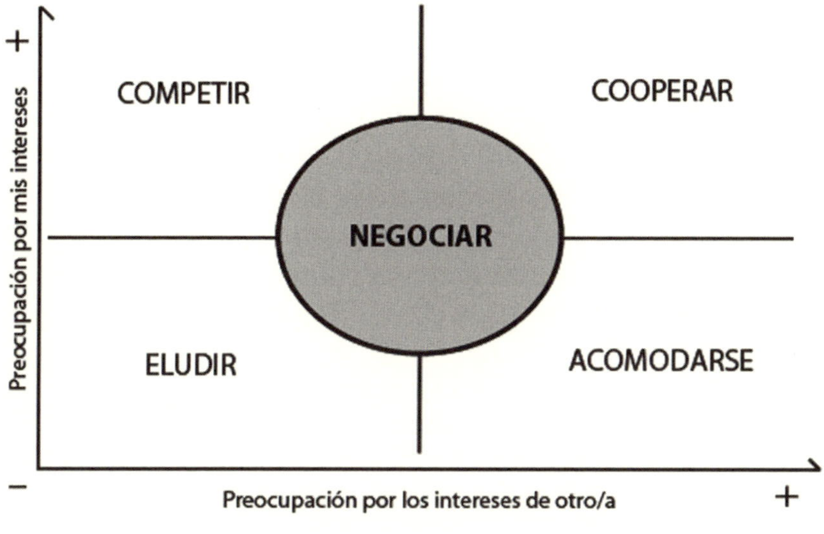

Figura nº 22
Fuente: Elaboración propias/ ideas de THOMAS,T. K. y KILMANN, R (1977)

45.6. IDENTIFICAR MOTIVACIONES

La motivación de nuestros actos está vinculada a nuestras emociones y, dicho en otras palabras, al significado que otorgamos a lo que estamos haciendo. Mientras que las emociones pueden ser muy cambiantes de un momento para otro, si es el caso, la motivación tiene elementos de fuerte permanencia.

Aunque la literatura es amplia en este campo, estimamos que, a nuestros efectos, conviene considerar de momento tres motivaciones básicas:

a. Motivación para ejercer el poder.
b. Motivación para conseguir el logro.
c. Motivación para fortalecer la afiliación.

Las personas muy orientadas a conseguir metas tienden a ser muy competitivas, para ellas lo importante es conseguir un resultado. Mientras que, para las personas orientadas al poder, lo más importante es «salirse con la suya» y que los demás se sometan; las personas con inclinación a la afiliación dan más importancia a la relación, muchas veces por encima del propio asunto que se discute. Su tendencia es a colaborar.

Hay dos aspectos que acostumbran a complicar siempre cualquier intervención: los mecanismos de defensa, muchas veces basados en temores inconscientes; y la motivación para ejercer poder y para conseguir el logro. El primer caso frena o desvirtúa el proceso, dado que existen muchas clases de defensas. El segundo lo complica, bien porque ambas partes tienen el mismo perfil, lo que obliga al gestor del conflicto a manejar eficazmente las relaciones de poder; o bien porque puede producir importantes desequilibrios en los acuerdos, que luego pueden mostrarse como insatisfactorios.

MOTIVACIÓN PARA EJERCER EL PODER Y PARA CONSEGUIR OBJETIVOS

¿Alguien muestra una actitud muy agresiva o coercitiva?

¿Alguien ve el tema como una cuestión de prestigio?

¿No conseguir el propósito es valorado como muy grave?

¿Es más importante el objetivo que salvar la relación entre las partes?

¿Hay amenazas implícitas en el discurso?

¿Alguien quiere tenerlo todo muy controlado?

¿Alguien interrumpe constantemente?

¿A alguien le molestan normas y reglamentos?

MOTIVACIÓN AFILIATIVA

¿Le parecen claros los intentos de salvar la relación?

¿Hay concesiones que parecen relativamente excesivas?

¿Se hacen ofertas sin la adecuada ponderación?

¿La relación anterior era buena y ahora se ha estropeado?

¿Llegar a acuerdos es muy importante?

¿De alguna parte puede decirse que tiene «mucha paciencia»?

¿Para alguien «lograr la paz» es un objetivo?

¿Alguien es muy colaborativo?

45.7. CONSEJOS PARA LA ACCIÓN

Baltasar Gracián (1601-1658) fue un jesuita que publicó por primera vez en 1647 su obra *El arte de la prudencia,* que resume en trescientos aforismos comentados su punto de vista sobre el mundo, las relaciones humanas y la forma de proceder con los demás en múltiples supuestos. Su influencia ha sido importante en algunos filósofos cómo Schopenhauer y Nietzsche. Ha sido traducido a muchos idiomas y hoy ese libro se sigue vendiendo actualizado.

Dejando aparte la línea general de su pensamiento, que a veces conduce al pesimismo sobre la condición humana, lo cierto es que Gracián pretendió y consiguió escribir sobre «un saber que permita sobrevivir», es decir, un saber de tipo práctico.

En este saber de tipo práctico, el autor muestra su creencia en la capacidad de aprendizaje de las personas y aunque se le ha considerado un moralista, lo cierto es que su línea de pensamiento más que al bien y al mal, se refiere a cómo conseguir éxito, fama, apoyos, estimación, etc.; se centra más en la realidad que en el pensamiento abstracto.

Desde el punto de vista del gestor de conflictos existen en este texto muchas ideas útiles a las relaciones humanas, y aquí traemos a colación algunas de ellas, que pueden tener particular interés para aquellos que precisan actuar ante un caso concreto.

IDEAS ÚTILES EN BALTASAR GRACIÁN

EN LAS COSAS TIENE GRAN PARTE EL CÓMO

SI SE SABE POCO, EL CAMINO GENERAL

ENCONTRAR EL PUNTO DÉBIL DE CADA UNO: ESTE ES EL ARTE DE MOVER VOLUNTADES

CON UNA SONRISA, AIROSAMENTE SE EVITA LA CONTIENDA MÁS DÍFICIL

UN GRANO DE GRACIA TODO LO SAZONA

ENCONTRAR INMEDIATAMENTE LO BUENO DE CADA COSA. ES EL ÉXITO DEL BUEN GUSTO

NO HAY COSA QUE NECESITE MÁS CUIDADO QUE LA VERDAD, PUES ES SANGRARSE EL CORAZÓN. TAN NECESARIO ES SABERLA DECIR, COMO SABERLA CALLAR

EN LOS TRANCES MÁS DIFÍCILES NO HAY QUE PENSAR, SINO ACTUAR

LA REPUTACIÓN SE COMPRA CON TRABAJO: POCO VALE LO QUE POCO CUESTA

NO TODO LO BUENO TRIUNFA SIEMPRE

ANEXOS

ANEXO I

HERRAMIENTA CATDOS©
VERSIÓN COMPLETA

DESCRIPCIÓN DEL CONFLICTO

Describa Vd. sucintamente en qué consiste el conflicto

EXAMEN DE SIMILITUDES
Análisis de Patrones de Conflicto

		Conflict Analysis Typology **(CATDOS)©** REDORTA,J. (2017) ©	**Grado de apreciación**				
			Muy bajo	Bajo	Medio	Alto	Muy alto
			Puntuación				
			1	2	3	4	5
SER	1	PROTECCIÓN DE AUTOESTIMA					
		Disputamos porque mi orgullo personal se siente herido.					
	2	VALORES					
		Disputamos porque mis valores o creencias fundamentales están en juego.					
	3	IDENTIDAD					
		Disputamos porque el problema afecta a mi manera íntima de ser lo que soy.					
	4	INFORMACION					
		Disputamos por algo que se dijo o no se dijo o que se entendió de forma distinta.					
SEGUIR	5	EXPECTATIVAS					
		Disputamos porque no se cumplió o se defraudó lo que uno esperaba del otro.					
	6	INADAPTACION					
		Disputamos porque cambiar las cosas nos produce tensión.					
	7	ATRIBUTIVO					
		Disputamos porque el otro no asume su responsabilidad o culpa en la situación planteada.					
	8	INHIBICION					
		Disputamos porque claramente le corresponde al otro poner la solución.					
CONSEGUIR	9	PODER					
		Disputamos porque alguno de nosotros quiere mandar, dirigir, o controlar más a otro.					
	10	NORMATIVO					
		Disputamos porque se incumple una norma legal o social.					
	11	INCOMPATIBILIDAD PERSONAL PERSISTENTE					
		Disputamos porque no nos entendemos como personas habitualmente.					
	12	LEGITIMACION					
		Disputamos porque el otro no está de alguna manera autorizado a actuar como lo hace, lo ha hecho o pretende hacerlo.					
MANTENER	13	RECURSOS ESCASOS					
		Disputamos por algo de lo que no hay suficiente para todos.					
	14	ESTRUCTURAL					
		Disputamos por un problema cuya solución requiere largo tiempo, esfuerzo importante de muchos, o medios más allá de nuestras posibilidades personales.					
	15	INTERESES					
		Disputamos porque mis deseos o intereses son abiertamente contrapuestos a los suyos.					
	16	INEQUIDAD					
		Disputamos porque la acción o conducta del otro u otros las sentimos enormemente injustas					

EXAMEN DE SIMILITUDES
Perfil del Conflicto

CONTEXTO										
Facilita el desarrollo del conflicto	1	2	3	4	5	6	7	8	9	Dificulta el desarrollo del conflicto
SIGNIFICADO										
Pocas y débiles	1	2	3	4	5	6	7	8	9	Muchas y fuertes
Emociones implicadas										Emociones implicadas
CICLO										
Desescalada	1	2	3	4	5	6	7	8	9	Escalada
PODER										
Simétrico	1	2	3	4	5	6	7	8	9	Asimétrico
NIVEL										
Interpersonal	1	2	3	4	5	6	7	8	9	Intergrupal
PARTES										
Únicas	1	2	3	4	5	6	7	8	9	Múltiples
DURACIÓN										
Corta	1	2	3	4	5	6	7	8	9	Larga
COMUNICACIÓN										
Fluida y fiable	1	2	3	4	5	6	7	8	9	Distorsionada
DESENCADENANTE										
Identificado	1	2	3	4	5	6	7	8	9	Desconocido
FUENTES										
Causas conocidas y aceptadas	1	2	3	4	5	6	7	8	9	Causas desconocidas y rechazadas

EXAMEN DE EXPECTATIVAS

EXPECTATIVA Redorta, J. (2017)©	1	2	3	4	5
Que alguien se disculpe					
Que haya una compensación económica					
Terminar el problema					
Ahorrar tiempo					
Mantener las buenas relaciones					
Sostener «que tenía razón»					
Reciprocidad en los intercambios					
Mantener la autoestima					
Hundir al adversario					
Que se reponga algo					
Que se cambie una conducta					
Evitar costes de litigio					
No sentar un precedente					
Evitar un castigo					
Defender valores de equidad y justicia					
Darse importancia, destacarse					

NOTA: La herramienta CATDOS© puede ser usada libremente con fines de investigación y formación, con la única condición de enviar un correo electrónico al autor: josepredorta@icab.cat y comunicar las circunstancias y los resultados de su uso.

ANEXO II

ASIGNACIÓN DE PATRONES DE CONFLICTO: EXPLORACIÓN Y DISCRIMINACIÓN

1. Protección de autoestima

Definición operativa del patrón del conflicto:
Disputamos porque mi orgullo personal se siente herido

Ejemplos típicos:

a. Alguien está insultando a otro.
b. Alguien está desvalorizando a otro con comentarios ácidos.

Puntos críticos a explorar:

— Se ataca preferentemente la imagen del otro o de los otros.
— Se cree que alguno de los intervinientes actúa por envidia.
— Hay una no aceptación o rechazo explícito del otro o los otros.
— Se vive la situación como de falta de habilidades o competencias.
— Alguien cree que recibe un trato no merecido.

2. Valores

Definición operativa del patrón del conflicto:
Disputamos porque mis valores o creencias fundamentales están en juego.

Ejemplos típicos:

a. La decisión de no abortar basada en creencias.
b. La exigencia de respeto hacia una lengua minoritaria.

Puntos críticos a explorar:

— Alguien está totalmente seguro de sus creencias y así lo defiende contundentemente.
— La ética es muy importante.
— Se aprecia dogmatismo.
— Existen puntos de vista personales muy sesgados hacia valores como la verdad, la belleza, el dinero, dios, la humanidad, etc.
— La cultura propia es fundamental y mejor que la ajena.

3. Identidad

Definición operativa del patrón del conflicto:
Disputamos porque el problema afecta a mi manera de ser.

Ejemplos típicos:

a. El joven que pretende diferenciarse se opone a determinadas prácticas impuestas. Un conflicto por el «*piercing*» puede significar en un adolescente un conflicto de defensa de la identidad propia.

b. El conflicto por la autodeterminación de un país puede ser, además de otras cosas, un intento de afirmar la identidad colectiva.

Puntos críticos a explorar:

— La moda es muy importante.
— Se imitan modelos de líderes o personajes.
— Adolescencia.
— La lengua, la etnia, la religión, etc. se consideran escasamente reconocidas.
— Diferenciarse de los otros es importante.
— La apariencia externa es muy importante.

4. Información

Definición operativa del patrón del conflicto:
Disputamos por algo que se dijo o no se dijo o que se entendió de forma distinta.

Puntos críticos a explorar:

— Aparición de «malos entendidos».
— Manipulación interesada de la información (sesgos).
— Ocultación de información (secretismo).
— Exceso de información con ánimo de confundir.
— Mensajes no verbales y verbales contradictorios.
— Engaños.
— Errores en los significados.

5. Expectativas

Definición operativa del patrón del conflicto:
Disputamos porque no se cumple o se defraudó lo que uno esperaba del otro.

Ejemplos típicos

c. Denegar una petición muy deseada.
d. Despedir a un trabajador sorpresivamente.

Puntos críticos a explorar:

- Existen agresiones.
- No se cumple como padre, madre, amigo, etc. (rol asumido).
- Estado de frustración.
- Se anticipan resultados desde experiencias dispares.
- Se evalúa la probabilidad de conseguir algo.
- La motivación al logro es muy importante.
- Se espera algo concreto, en un futuro incierto, con probabilidades estimadas altas de que suceda lo deseado.

6. Inadaptación

Definición operativa del patrón del conflicto:
Disputamos porque cambiar cosas nos produce tensión.

Ejemplos típicos:

a. Un cambio organizativo importante que produce gran tensión en una empresa.
b. Cambios inesperados en las rutinas diarias que generan estrés.

Puntos críticos a explorar:

— Se toma conciencia, o no, de que el mundo parece haber cambiado de repente.
— Situaciones de estrés.
— Alguien intenta cambiar algo a costa de alguien.
— Socialización inadecuada.

7. Atributivo

Definición operativa del patrón del conflicto:
Disputamos porque el otro no asume su responsabilidad o culpa en la situación planteada.

Ejemplos típicos:

a. Creer que es el vecino quien ha roto la valla del jardín aunque, en realidad, no había estado en casa.
b. Inferir que alguien es «perezoso» por retrasar un trabajo una vez.

Puntos críticos a explorar:

— Examinar las excusas, justificaciones y explicaciones.
— Expectativas presentes sobre el sujeto.
— Valoración de las intenciones del otro.
— Es importante saber a quién corresponde la culpa.
— Sesgos atributivos: tendencia a «colgarse medallas»; autocomplacencia, ilusión de control (a mí esto no me va a pasar), los éxitos son míos, los fracasos de los demás, todos actúan como yo (falso consenso).
— Es importante saber hasta dónde alcanza la responsabilidad.

8. Inhibición

Definición operativa del patrón del conflicto:
Disputamos porque claramente le corresponde al otro poner la solución.

Ejemplos típicos:

a. Alguien debe acoger en casa a una abuela que se ha hecho muy mayor, pero cada hermano piensa que le corresponde al otro y que sus razones son válidas.
b. Todos reconocen la necesidad de instalar una cárcel, pero nadie la quiere en su barrio.

Puntos críticos a explorar:

— Existe miedo a algo.
— Costes superiores a los beneficios.
— Conductas evitativas.
— Castigos.
— Se traspasa a otro el problema.
— Existe desconfianza.

9. Poder

Definición operativa del patrón de conflicto:
Disputamos porque alguno de nosotros quiere mandar, dirigir o controlar más a otro.

Ejemplos típicos:

a. La «lucha política» puede ser un conflicto de poder típico.
b. Una guerra es, además de otras cosas, un conflicto de poder.

Puntos críticos a explorar:

- — Las partes sienten profundamente la necesidad de que todo esté «bajo control».
- — El estatus es muy importante.
- — Influir en los demás es muy importante.
- — Se lucha por algo y se usan «malas artes».
- — Se desconfía mucho del otro.
- — Obtener obediencia es muy importante.
- — Se lucha por lograr algo frente a alguien.
- — Se obtiene influencia por recompensa.
- — Los símbolos son muy influyentes.

10. Normativo

Definición operativa del patrón del conflicto:
Disputamos porque se incumple una norma social o legal.

Ejemplos típicos:

a. Un partido político se financia de forma no prevista en el ordenamiento jurídico.
b. Un trabajador no es puntual en su trabajo y la empresa lo exige.

Puntos críticos a explorar:

- — Es preciso ponerse de acuerdo en una norma a seguir.
- — Alguien no sigue la norma prefijada y eso produce tensión.
- — Se ignora la ley.
- — El problema está en los tribunales o en manos de abogados.

11. Incompatibilidad personal persistente

Definición operativa del patrón del conflicto:
Disputamos porque habitualmente no nos entendemos como personas.

Ejemplos típicos:

a. «Choque de personalidades» definido por la situación «estar como el perro y el gato».
b. Situación de odio profundo al adversario «al que no puede verse».

Puntos críticos a explorar:

— Si cambiar los interlocutores sería útil al proceso.
— Explorar la empatía.
— Explorar la desconfianza profunda.
— Situación de «odio a muerte» disimulada.

12. Legitimación

Definición operativa del patrón del conflicto:
Disputamos porque el otro no está de alguna manera autorizado a actuar como lo hace, lo ha hecho o pretende hacerlo.

Ejemplos típicos:

a. Un policía detiene a alguien que no ha cometido ningún delito.
b. No se reconoce la capacidad de un sindicato a participar en una mesa de negociación laboral.

Puntos críticos a explorar:

— No se acepta a alguien como interlocutor.
— Presencia de temas «tabú».
— No se acepta la autoridad de alguien.
— Ausencia de normas.
— La actuación se califica como «no justa».
— Se piensa que las cosas no siguen la tradición establecida.

13. Recursos escasos

Definición operativa del patrón del conflicto:
Disputamos por algo de lo que no hay suficiente para todos.

Ejemplos típicos:

a. Dos niños se pelean por un lápiz único existente en el aula.
b. Dos pueblos se pelean por sus recursos de agua, ya que ambos desean aumentar el riego con un caudal único.

Puntos críticos a explorar:

— Examinar si alguien siente intensamente la necesidad de obtener algo.
— Ver si existe la percepción de que de alguna cosa no hay suficiente para todos.
— Examinar si alguien desea obtener algo a toda costa.
— Ver si el reparto de algo se vive como injusto.

14. Estructural

Definición operativa del patrón de conflicto:
Disputamos por un problema cuya solución requiere largo tiempo, esfuerzo importante de muchos, o medios más allá de nuestras posibilidades personales.

Ejemplos típicos:

a. La calidad de la vivienda.
b. La falta de formación profesional en colectivos jóvenes.

Puntos críticos a explorar:

— Desacuerdos en la forma en que está estructurada la sociedad.
— Se trata de un problema amplio que afecta a capas enteras de la sociedad.
— Se trata de algo cuya solución depende de muchos factores.
— El problema está enquistado en el tiempo.
— La solución vendría por la vía racional, pero esto requiere grandes cambios que a alguien le costaría asumir.

15. Intereses

Definición operativa del patrón del conflicto:
Disputamos porque mis deseos o intereses son abiertamente contrapuestos a los suyos.

Ejemplos típicos:

a. Discusión para fijar el precio del alquiler de un piso.

b. Discusión sobre desacuerdo en fechas para el periodo de vacaciones.

Puntos críticos a explorar:

— Hay necesidad de negociar alguna cosa importante.
— Las partes dependen mutuamente las unas de las otras, al menos a cierto nivel.
— Intentos de influencia mutua para obtener algo.
— Se toman decisiones conscientes. Cada parte toma las suyas en un marco predeterminado.

16. Inequidad

Definición operativa del patrón de conflicto:
Disputamos porque sentimos enormemente injusta la acción o conducta del otro u otros.

Ejemplos típicos:

a. Se pretende exigir responsabilidades a alguien, con intención de perjudicarle, por un asunto al que es totalmente ajeno.
b. Los beneficios desproporcionados de ciertas multinacionales respecto del pago de sus impuestos en el país de origen (materias primas, etc.).

Puntos críticos a explorar:

— Presencia de un nivel muy alto de indignación.
— Repartos de bienes o servicios poco equilibrados.
— Ausencia de reciprocidad en los intercambios sociales.
— Discurso que apela a la justicia.
— Comparaciones persistentes entre grupos sobre aspectos concretos del intercambio social.

ANEXO III

EVALUACIÓN DEL PERFIL DEL CONFLICTO

1. Contexto

a. Entender que las puntuaciones 4, 5 y 6 implican un rol neutral del contexto.

b. Estimar que la puntuación 7, 8 y 9 implica una importante dificultad equivalente a volar con viento en contra o navegar contracorriente.

c. Estimar que la puntuación 1, 2 y 3 implica que el contexto ofrece oportunidades significativas, o muy significativas, para la solución del conflicto.

2. Significado

a. Entender que la puntuación 1, 2 y 3 es indicativa de escasa entidad del conflicto y que existen fuertes opciones de cooperar en la solución.

b. Entender que la puntuación 4, 5 y 6 implica una cierta postura defensiva, pero que no impide que una negociación pueda ser abordada inmediatamente.

c. Entender que la puntuación, 7, 8 y 9 y, en particular, las dos últimas, implican que debe abordarse la situación emocional antes de afrontar el fondo del problema.

3. Ciclo

a. Entender que la puntuación 1, 2 y 3 implica una intervención mínima. El globo ya se está desinflando y solo debemos esperar en el caso extremo. O acompañarle si el nivel es 3.

b. Entender que la puntuación 4, 5 y 6 implica un punto de inestabilidad equivalente a estar en un rellano al subir una escalera. Necesidad de ponderar los aspectos que harían que el conflicto siguiera escalando.

c. Entender que la puntuación 7, 8 y 9, en particular las dos últimas, son indicativas de alta necesidad de intervención inmediata.

4. Poder

a. Entender que la relación de poder está equilibrada en la puntuación de 1, 2, 3, 4 y 5. En este supuesto la intervención puede llevarse adelante sin otras dificultades en relación a este apartado.

b. Entender que la asimetría de poder en los puntos 7, 8 y 9 dificulta la intervención de mediación y debe plantearse cómo compensar este punto.

c. Entender que la puntuación 9 exige plantearse otras vías de intervención distintas de la mediación estándar. También que las expectativas de éxito se reducen mucho, y que las soluciones negociadas pueden ser meras adhesiones a cosas prefijadas.

5. Nivel

a. Entender que la puntuación 1, 2, y 3 sitúa claramente el conflicto en el ámbito de lo interpersonal. Prever un impacto mínimo en los grupos de referencia.

b. Entender que la puntuación 4, 5, y 6 comporta un conflicto grupal, por lo que debe considerarse en la intervención un conocimiento mínimo de la dinámica de grupos.

c. Entender que la puntuación 7, 8 y 9 implica un conocimiento eficaz de dinámica de grupos y experiencia en conflictos intergrupales.

6. Partes

a. Entender que la puntuación 1, 2, 3 y 4 implica un conflicto entre dos partes claramente destacables.

b. Entender que la puntuación 5, 6 y 7 implica generalmente más de dos partes, pero, en todo caso, asumible en una negociación.

c. Entender que la puntuación 8 y 9 implica un conflicto multiparte. Se hace preciso atender a los procesos de polarización y normalización de grupos. Considerar en la intervención un mapa del conflicto. Aplicar los principios de la negociación multiparte, si se usa este recurso.

7. Duración

a. Entender que, si la duración es corta en la puntuación 1, 2, 3, 4 y 5, las expectativas de éxito de la intervención son mejores.

b. Entender que si la puntuación es 6 y 7 conviene ponderar las razones por las que no se ha resuelto el conflicto.

c. Entender que la puntuación 8 y 9 implica un conflicto cronificado. Que conviene revisar las relaciones de poder. Que conviene ver los antecedentes y los motivos que alimentan el conflicto.

8. Comunicación

a. Entender que en la puntuación 1, 2 y 3, las opciones de soluciones negociadas son altas. Que existe actitud cooperativa y poca tensión emocional.

b. Entender que la puntuación 4, 5 y 6 implica una situación comunicativa normal para un conflicto no muy agudo. Conviene permanecer atento a los procesos de *feedback* y reforzar los puntos clave de la comunicación *inter partes*.

c. Entender que la puntuación 7, 8 y 9 implica un proceso competitivo subyacente y alta tensión emocional entre las partes.

9. Desencadenante

a. Entender que la puntuación 1, 2 y 3 implica la clara identificación del desencadenante del conflicto.

b. Entender que la puntuación, 4, 5 y 6 implica una cierta idea o aproximación del posible desencadenante del conflicto.

c. Entender que la puntuación 7, 8 y 9 implica desconocimiento del desencadenante del conflicto y la conveniencia de explorar este punto.

10. Fuentes

a. Entender que la puntuación 1, 2 y 3 implica asumir fuentes conocidas y aceptadas por ambas partes.

b. Entender que la puntuación 4, 5 ,6 puede significar que las fuentes son conocidas pero no aceptadas por las partes. O bien, que son poco conocidas y aceptadas de modo insuficiente.

c. Entender que la puntuación 7, 8 y 9 implica desacuerdo total en las causas o desconocimiento de las mismas. Conviene estar atento a los procesos de imputación de responsabilidad de cada una de las partes.

ANEXO IV

PROCESOS SUBYACENTES: CONCEPTOS

AMPLIACIÓN TEMÁTICA DE IDEAS RESPECTO A LOS PROCESOS SUBYACENTES DE LOS PATRONES DE CONFLICTO

(El contenido se halla relacionado con la figura nº 16 en el texto y con el contenido de las obras del autor *Cómo analizar los conflictos* (Paidós, 2004, 2007) y *Entender el conflicto* (Paidós, 2007).

1. Protección de autoestima

Autopercepción

Idea de sí mismo que se deriva de las interacciones sociales. Es la base de la autoestima, que sería más bien un juicio de valor sobre uno mismo. Puede ser una autoestimación de habilidades y recursos.

Comparación social

La autoevaluación depende de con quién nos comparemos. Tendemos a ponernos en relación comparativa con los demás como medio de resolver incertidumbres e inseguridades. Una de las utilidades de los grupos es que generan un espacio de certidumbre a sus miembros.

Construcción de identidad social

En un contexto intergrupal, cuando la identidad social es fuente de autoevaluación, la autoestima se manifiesta como una necesidad de mantener o asegurar una relativa identificación social positiva con el grupo. Los temas de las relaciones entre autoestima, identificación, autoconcepto y favoritismo son de reciente estudio.

Merecimiento

Mientras que la competencia personal se mide en términos de éxito o fracaso, el merecimiento se refiere a la aceptación o rechazo propio. Creer que nos dan un premio justo es fruto del merecimiento si tiene una base objetiva.

Competencia personal

La habilidad para identificar una meta, crear un plan de acción, ejecutar conductas apropiadas y alcanzar el destino, mide en cierta manera el grado de competencia en la vida. La competencia personal, la autoestima y el merecimiento están muy interrelacionados.

2. Valores

Valoración

Los valores se adquieren en un proceso que se extiende a lo largo de la vida. También por experiencias puntuales muy significativas. Los valores están vinculados a creencias muy relevantes y, como tales, jerarquizan la llamada escala de valores personal de cada uno.

Desarrollo moral

El desarrollo moral de las personas es un proceso evolutivo. Los niños desde los tres o cuatro años ya distinguen convenciones y fenómenos morales a cierto nivel. Esta evolución se da a lo largo de seis o siete estadios vitales.

Construcción personal de valores

Los valores centrales en la vida de las personas pueden estar muy polarizados. Se pueden reducir a seis básicos, que se corresponden con la teoría de Eduard Spranger: orientación a la verdad, al poder, a la belleza, al dinero, a la abstracción y a la trascendencia religiosa.

Creencias

Las creencias y las descreencias configuran un sistema ordenado que, junto a otros, orienta la acción social de forma fundamental. Por las creencias se mata y se muere. Es decir, las creencias podemos verlas como fuente de sentido, más fuertes que la vida y la muerte.

3. Identidad

Identificación

Proceso central en la comprensión y desarrollo de la personalidad. Es un concepto elaborado desde el psicoanálisis. Se trata del proceso por el que tratamos de interiorizar representaciones sociales que vemos en los demás. El caso típico es la identificación del niño con el padre desde la madre (relación edípica).

Diferenciación

Es una transformación desde una condición más general. La indiferenciación es la ausencia de ese proceso. Tratamos de distinguirnos de los demás mientras construimos la identidad. La adolescencia es la edad típica para observar los procesos de diferenciación.

Apariencia

Aparentar es una manera de presentarse ante los demás. Todos lo hacemos en algún grado y buena prueba de ello es la llamada cultura de la imagen. Latente en nuestra presencia social hay un conflicto ser/parecer. Tratamos de presentarnos ofreciendo el lado nuestro que estimamos más favorable.

Imitación

Es un aprendizaje por observación, aunque hay más procesos no bien conocidos. Es un proceso importante en la construcción de la identidad social. Los modelos sociales son fuente de imitación.

4. Información

Modelos no semiológicos

La comunicación es intercambio de información. Diversos modelos tratan de explicar los fenómenos de intercambio de información. En general, tienen en cuenta el emisor, el receptor, el mensaje, el medio, el código de interpretación, etc.

Modelos semiológicos

La semiología o semiótica está vinculada a la comunicación y también al estudio del significado. La comunicación no verbal tiene alta relevancia. La semiología se refiere al estudio de los signos de la vida social. Va más allá de la lengua para interesarse por símbolos y lenguajes visuales (una señal de tráfico, una bandera, etc.) y trata de abarcar de manera muy amplia el proceso comunicativo.

Sistémica

La visión sistémica de la comunicación otorga gran importancia a la interpretación del contexto en el que la comunicación ocurre, y a la interacción de los mensajes y los intervinientes. Ver el diálogo como un sistema pasa a ser relevante.

Construcción del significado

Una palabra tiene significado en relación al objeto que denota. También una palabra tiene significado en relación a otras palabras que la acompañan. La negociación de significados es el proceso de comprensión mutua. Un sistema de significado requiere apelar a la cultura para su interpretación.

Distorsión comunicativa

Existen procesos específicos de distorsión de la comunicación, por ejemplo, la mentira, el rumor, la persuasión, la confusión, etc. También los códigos culturales distintos distorsionan la comunicación entre personas. No se trata de un proceso simple sino, al contrario, muy marcado por emociones y evaluaciones, en conjunto de alta complejidad, de la que muchas veces no somos conscientes.

5. Expectativas

Frustración

Se trata de la consecuencia directa del fracaso en el cumplimiento de metas esperadas. La rotura de las expectativas produce frustración de manera muy general. La tolerancia o resistencia a la frustración es una habilidad aprendida, consistente en la capacidad del individuo para soportar la frustración sin dar un modo de respuesta inadecuado, generalmente, de tipo agresivo.

Anticipación

Los procesos psicológicos son canalizados dependiendo, entre otras cosas, de la manera en que se anticipan los acontecimientos. Así pues, la anticipación rige la acción. La función de la emoción de sorpresa es prepararnos para cambios no anticipados.

Motivación de expectativa

La expectativa es una evaluación subjetiva de la probabilidad de que se alcance una meta concreta. Puede ser de dos tipos. De eficacia: soy capaz de hacer esto. También de resultado: puedo conseguir lo otro.

Expectativas racionales

La capacidad de previsión del ser humano es limitada. La toma de decisiones está sometida a sesgos perceptivos, cognitivos y atributivos. Las expectativas racionales trabajan con predicciones informadas de acontecimientos futuros. Desde el punto de vista de la estadística, existe el valor medio de las expectativas de diversos individuos. Todo esto está conectado a la asunción de riesgos.

Roles

Los roles contienen expectativas implícitas. El rol constituye significado y guía. El rol puede ser asumido (conocido y comprendido) o desempeñado. Importa cómo se asume el rol, cómo se interpreta y cómo se desempeña.

6. Inadaptación

Proceso evolutivo

El proceso evolutivo implica cambio con continuidad, normalmente con un componente direccional. Está basado en las ideas de Charles Darwin. La lucha por la supervivencia es la lucha por la existencia. La lucha por la existencia es adaptativa. Solo sobreviven los que se adaptan adecuadamente al medio.

Autopoiesis

Palabra que significa «creación de sí mismo». La autopoiesis nace de la cooperación. Es un patrón general común a todos los seres vivos. Se refiere a la capacidad de autoorganización de los organismos y a la producción de propiedades emergentes nuevas, que aparecen al cambiar el nivel de observación.

Estrés

Puede ser visto como una ansiedad desproporcionada e inoportuna. Una ausencia de recursos personales para hacer frente a una situación concreta. Los procesos por estrés tienen resultados agotadores sobre la salud de los individuos. La incorporación de innovaciones tiende a generar o a predisponer al estrés, de ahí su vinculación a los procesos de cambio.

Construcción social de la inadaptación

El construccionismo social aporta visiones nuevas respecto de la inadaptación. No adaptarse es producir respuestas inadecuadas al contexto. La experiencia desde el proceso de socialización hace «inadaptados sociales», que son personas con alto miedo al cambio.

Socialización

El proceso de socialización es aquel por el cual una persona adquiere las pautas de conducta, creencias, normas y motivaciones que son valoradas o aceptadas por el grupo y la cultura. La familia, la escuela y los medios de comunicación juegan en el proceso un rol fundamental.

7. Atributivo

Proceso básico atributivo

La respuesta a la pregunta: «¿Por qué ocurre esto?», tiene que ver con el proceso básico de atribución. Tratamos de buscar explicaciones a partir de unos antecedentes e imputar la causa o responsabilidad de lo sucedido de acuerdo a lo que pensamos, creemos o percibimos.

Inferencia atributiva

Se trata de predecir de algún modo la conducta de los otros a partir de deducir la intencionalidad de quien efectúa tal conducta. Se atribuyen intenciones al otro. Se plantea cómo influyen los efectos de esa conducta y las expectativas existentes sobre la conducta del actor.

Atribución conductual

Se refiere a cómo deciden las personas que sus impresiones son correctas. Se considera si la persona responde aproximadamente igual que otras ante la situación planteada o de manera distinta. En todo caso, si la reacción es constante o reiterativa en circunstancias similares.

Esquemas y sesgos

Es relevante si una o varias causas explican suficientemente un hecho. La forma en que se imputa la responsabilidad a los otros también lo es. Y, obviamente, a uno mismo, a un motivo específico, etc. Existen varios e importantes sesgos en la manera de atribuir la responsabilidad de lo sucedido. Por ejemplo, el sesgo actor/observador explica que no ven las cosas igual quienes no están directamente implicados en la interacción, que quienes lo están.

8. Inhibición

Bases biológicas

Se piensa que muchas estructuras cerebrales están implicadas en los procesos de conductas por inhibición. Estaríamos, muchas veces, ante reacciones innatas que es preciso asumir, al menos en parte, como inevitables ante situaciones concretas.

Miedo

La función del miedo es proteger y es de naturaleza innata. No obstante, existen miedos aprendidos y fobias, por lo que es preciso considerar el papel de esta emoción como muy fundamental en el patrón de conflictos por inhibición. El miedo puede manifestarse como temor, ansiedad, preocupación, etc.

Conducta evitativa

La aversión a algo puede ser innata o aprendida, en función de la expectativa de qué va a suceder si algo nos disgusta. Evitar es tratar de reducir riesgos y se trata de una conducta adaptativa.

Castigo

El castigo es un condicionamiento. Es el proceso inverso a la recompensa o premio. Su uso está orientado a objetivos y trata de generar la emoción de miedo. Es un refuerzo negativo. La experiencia de castigo continuado puede conducir a experiencias de impotencia ante la situación concreta o de indefensión aprendida, a veces depresión.

9. Poder

Juegos de poder

Es un proceso esencialmente competitivo. Se refiere a las tácticas de influencia utilizadas; algunas de las más empleadas son la lealtad al otro, dejar la competición o aceptar a regañadientes.

Logro como desencadenante

El éxito en lo concreto y como valor pasa a tener una posición muy importante. El deseo de triunfar y no fracasar desencadena procesos vinculados a la estructura de las relaciones de poder.

Construcción personal del poder

Desde la infancia, el proceso de socialización genera aprendizajes vinculados al dominio y a la sumisión que, en algunos casos, son muy marcados. Mandar, influir, dirigir, etc. se convierten en necesidades indiscutidas dentro de lo que se ha estudiado como «*Social Dominance Orientation*».

Intercambio, interacción, influencia social

Cuando los individuos precisan los servicios de otro, en general, las alternativas se reducen a obligar por la fuerza al otro a que lo preste, prescindir del servicio, elegir a un tercero, si la alternativa existe, u ofrecer algo a cambio si es interés de la otra parte.

Autoritarismo, jerarquización, dominación

La jerarquía tiene una función social. Cabe considerar que el estatus y las actitudes de dominación pueden conllevar que la interacción personal o social sea muy desequilibrada. Alguien tiene pocos grados de libertad o independencia en beneficio del líder o del grupo.

10. Normativo

Producción social de reglas

La generación de normas sociales tiende a evitar el conflicto. La norma grupal aparece como un compromiso que permite mantener la cohesión del grupo. Su función es reducir la incertidumbre y ofrecer un marco seguro para la acción social.

Desviación de norma

La desviación (no seguir las normas) produce incertidumbre y conflicto; pero también, innovación y cambio. El proceso se refiere a la separación de alguien de la norma del grupo y esto es amenazante, porque si no consigue reducir esta separación o suprimirla, el grupo entra en conflicto abierto al cuestionarse la cohesión.

Juridización

Tendencia a la extensión del derecho escrito. El rol del estado como regulador social aparece en este proceso. El derecho como mundo de reglas tiene sus propias fuentes normativas y su lógica interna.

Cultura

Una norma es un artefacto cultural en la visión antropológica. Vista así, una norma es una herramienta que ayuda a entender la cultura de la que forma parte intrínseca. Una norma no puede ser interpretada adecuadamente fuera de su contexto cultural.

11. Incompatibilidad personal persistente

Diferencias individuales

El estudio de la reacción ante el fenómeno persona/situación muestra que no reaccionamos todos de igual manera. Pero hay formas típicas de reaccionar y ciertas constancias. Se parte de la creencia de que el modo de reaccionar del otro en este patrón de conflicto es permanente, inamovible y no deseado.

Empatía

La capacidad de ponerse en lugar del otro no existe o es muy baja en el proceso subyacente a este patrón de conflicto. La empatía es una respuesta emocional que desaparece en la acción conflictiva que contemplamos. La falta de empatía también reconduce a la idea de ausencia de competencias sociales en los participantes.

Autoritarismo y dogmatismo

El dogmatismo tiene que ver con una falta de aceptación de la diversidad de valores en los demás y en uno mismo. Las personas dogmáticas tienden a ser impositivas y poco respetuosas con la escala de valores del otro.

Desconfianza

Aunque la ausencia de confianza está en la base de casi todos los conflictos, en este patrón de conflictos esto sucede en un grado muy marcado y muchas veces poco justificable. Desde fuera del proceso, las causas alegadas, muchas veces,parecen poco obvias. Conviene profundizar en la historia de la relación.

12. Legitimación

Reconocimiento

Reconocer es identificar, pero al mismo tiempo dar valor. El no reconocimiento afecta al autoconcepto y a la autoestima, pero también a la capacidad de ser partícipe en un grupo o una comunidad. El concepto puede tener un contenido de tipo jurídico.

Proceso legitimador

La legitimación evita el uso continuado de la fuerza. El proceso se vincula a la construcción de confianza entre partes en conflicto. Y deben verse como legítimos los intereses contradictorios, las emociones implicadas y el rol de los participantes si la situación se plantea en el marco de un proceso de resolución de conflictos por vía de mediación.

Anomia

Es un fenómeno de suspensión de la eficacia de las normas sociales. Es como si las partes en conflicto (que forman un sistema) debilitasen los lazos que unen entre sí las reglas del juego. La anomia tiende a reproducir o a escalar un conflicto.

Liderazgo y autoridad

Un cambio de autoridad es un proceso de sustitución de obediencias en un grupo social. El poder legítimo consigue obediencia voluntaria. La autoridad supone poder legitimado socialmente. Mientras, el dilema del liderazgo es que requiere ascendencia sobre los demás y, al mismo tiempo, su aprobación. Estos dos últimos procesos tienden a entrar en conflicto o se mueven en equilibrio inestable.

13. Recursos escasos

Competición

En un sentido amplio, es la lucha por un objetivo en la que participa otro u otros en una situación de interdependencia de las partes en conflicto. Las partes consideran incompatible con el suyo propio la consecución de ese objetivo. Todos quieren lo mismo de forma excluyente.

Escasez

Idea vinculada a la insuficiencia de algo, en general medios de subsistencia, pero puede ser otra cosa relacionada con la ausencia de suficiencia. Conecta con la idea de deseo y necesidad.

Motivo de logro

Las necesidades de adaptación y crecimiento generan tendencias motivadoras hacia conseguir objetivos concretos. Los motivos impulsan, orientan y seleccionan la conducta a efectuar. Hacer algo mejor es la esencia de este motivo. El éxito en la tarea es relevante.

Equidad

En una situación de intercambio social, el análisis coste/beneficio en términos amplios puede definir situaciones que son percibidas como mal equilibradas desde la reciprocidad.

14. Estructural

Acción social

La teoría general de la acción, desde la sociología y la antropología, trata de establecer un marco general o contexto que sirva para explicar, desde el punto de vista macrosocial, la conducta humana. Uno de los principales elaboradores fue Talcott Parsons.

Perspectiva conflictual

Fundamentada en las ideas del marxismo, neomarxismo y teoría del conflicto desde el nivel macrosocial; la lucha entre clases, los problemas intraclases, etc. son vistos en esta perspectiva.

Globalización y cambio social

La revolución de las tecnologías de la información, la crisis del estatismo y del capitalismo y los nuevos movimientos sociales generan una nueva estructura social: la sociedad-red, una nueva economía y una cultura de lo virtual.

Violencia estructural

Violencia inserta en la estructura social que se proyecta sobre las relaciones personales, estableciendo modelos de dominación. La teorización se ha hecho desde los estudios para la paz. Johan Galtung es uno de sus más notables teóricos.

15. Intereses

Toma de decisiones

La toma de decisiones es un proceso crítico que afecta a muchas esferas de la vida, entre ellas, a la situación de interdependencia social. La teoría de juegos ha explicado muy bien sus mecanismos en el esquema competición/cooperación. Sin embargo, otros modelos han profundizado en cómo afectan las situaciones emocionales, el estrés al tener que decidir, etc.

Interdependencia

El punto de vista del intercambio social trata de explicar cómo actuamos a partir de lo que precisamos de los demás.

En los conflictos de intereses, el análisis de la interdependencia es básico y un proceso muy central.

Negociación y mediación

La existencia de negociaciones o mediación nos orienta de forma marcada a la preexistencia de un conflicto de intereses. Puede que el patrón que se halle después no se corresponda con este tipo de conflicto. Pero sí la primera orientación debe ser hacia los conflictos de interés, por tratarse estas figuras de resolución de conflictos de las más adecuadas en los supuestos más puros que se dan.

Autoridad y poder

El ejercicio de la autoridad pública (juicio) o privada (arbitraje), o bien, el uso de las soluciones desde posiciones jerárquicas, puede orientar hacia la preexistencia de una situación de conflicto, y el primer patrón a considerar y plantearse se refiere a si existen intereses en conflicto.

16. Inequidad

Dolor e indignación

La indignación es una respuesta emocional ante situaciones percibidas o valoradas como injustas. El dolor que se vincula a esta emoción significa un grado intenso de emocionalidad. La pasión tiende a dominar a la razón particularmente en personas impulsivas.

Reciprocidad

La percepción de que el intercambio social y sus contraprestaciones están equilibradas es básica. Un favor exige la devolución de ese favor en circunstancias similares. Un presente es al mismo tiempo la aparición de la obligación de corresponder. La falta de reciprocidad en los intercambios genera frustración y se halla en la base de los procesos de conflicto por inequidad.

Justicia y equidad

Aunque no se trata de conceptos equivalentes, lo justo tiene normalmente un componente equitativo alto. La percepción de injusticia llama a un estado emocional de rabia, dolor, indignación, etc., que merece ser explorado ante la sospecha de la presencia de este patrón de conflicto. O, al revés, conviene examinar este punto para inferir el patrón. Alguna de las dificultades prácticas consiste en que las partes pueden valorar el proceso de manera muy distinta o, también, la presencia de excesivas generalizaciones.

Intercambio social

Conviene revisar las bases de los intercambios entre las partes. La percepción de no equilibrio debe inducir a examinar este punto con mayor profundidad. El intercambio se relaciona con la equidad y con las relaciones de poder.

Privación relativa

Se considera la privación relativa un estado psicológico, marcado por la percepción negativa de discrepancia entre la propia posición económica y social y las expectativas existentes. En situaciones de pobreza asumida como tal, el fenómeno no ocurre, por moverse en parámetros no comparables. La privación relativa es el resultado de una comparación social, particularmente entre grupos.

BIBLIOGRAFÍA

BECK, U. y BECK- GERNSHEIM, E. (2003). *La individualización.* Barcelona: Paidós.

BERTHOZ, A. (2009). *La simplexité.* París: Odile Jacob.

BOTELLA, L. y FEIXAS, G. (1998). *Teoría de los Constructos Personales: aplicaciones a la práctica psicológica.* Barcelona: Laertes.

CALVO, R. (2014). *Mapeo de conflictos.* Barcelona: Gedisa.

COLEMAN, P. T. (2000). «Looking to the future». En: *Handkook of Conflict Resolution,* Coleman, P. T. y Deustch, M. (comps.).

CARNEIRO, D., NOVAIS, P. y NEVES, J. (2014). *Conflict Resolution and its Context.* NY: Springer.

DESCARTES, R. (1970). *Discurso del método.* Madrid: Espasa-Calpe.

DEUSTCH, M. (2000). «Introduction». En: *Handkook of Conflict Resolution,* Coleman, P. T. y Deustch, M. (comps.), San Francisco, CA. Jossey-Bass.

DRUCKMAN, D. (2005). *Doing Research: methods of inquiry for Conflict Analysis.* Thousands Oaks, CA.: SAGE Publishers.

ENTELMAN, R. (2002). *Teoría del conflicto.* Barcelona: Gedisa.

ERIKSON, E. (2000). *El ciclo vital completado.* Barcelona: Ediciones Paidós Ibérica.

ESPINO, O.G. (2004). *Pensamiento y razonamiento.* Madrid: Pirámide.

FERRY, L. (2009). *La sabiduría de los mitos.* Madrid: Santillana.

GALTUNG, J. (1995). *Investigaciones teóricas.* Madrid: Tecnos.

GIORELLO, G. y MORINI, S. (1993). *Parábolas y catástrofes*. Barcelona: Tusquets.

GLADWELL, M. (2005). *La inteligencia intuitiva*. Barcelona: Edicions 62.

GRACIÁN, B. (1999). *El arte de la prudencia*. Madrid: Temas de Hoy.

KAHNEMAN, D. (2013). *Pensar rápido, pensar despacio*. Barcelona: Penguin Random House.

KHUN, T.S. (1997). *La estructura de las revoluciones científicas*. México: Fondo de Cultura Económica.

KOSKO, B. (1995). *Pensamiento borroso*. Barcelona: Grijalbo Mondadori.

LEWICKI R.J., WEIS, S.E. y LEWIN, D. (1992). «Models of conflict, negoriation and third party intervention: a review and síntesis». En: *Journal of organizacional behaviour*, vol. 13, nº 3, 1992.

LEWICKI, R.J. y WIETHOFF (2000). «Trust, Trust Development and Trust Repair». En: *The handbook of Conflict Resolution*.

MALDONADO, C.E., (2009). *Complejidad: revolución científica y teoría*. Bogotá: U. Rosario.

MANDELBROT, B. (2009). *La geometría fractal de la naturaleza*. Barcelona: Tusquets.

MARINA, J.A. (2010). *Las culturas fracasadas*. Barcelona: Anagrama.

MINSKY, M. (2010). *La máquina de las emociones*. Barcelona: Random House Mondadori.

MITCHELL, C. (2014). *La naturaleza de los conflictos intratables*. Barcelona: ICIP.

MONOD, J. (2007). *El azar y la necesidad*. Barcelona: Tusquets.

MOORE, C. (1995). *El proceso de mediación*. Barcelona: Granica.

MORIN, E. (2001). *La mente bien ordenada*. Barcelona: Seix Barrral.

MORIN, E. (2009). *On va el món? Cap a l' abisme*. Barcelona: Columna Edicions.

MOSTERÍN, J. (1987). *Conceptos y teorías en la ciencia*. Madrid: Alianza Editorial.

PARSONS, T (1999). *El sistema social*. Madrid: Alianza Editorial.

PÓLYA, G. (2014). *Cómo plantear y resolver problemas*. México: Trillas.

PRUITT, D. (1998). «Social Conflict». En: D.T. Geilbert, S.T.Fiske y G. Lindzey (comps). *The Handbook of Social Psychology*. Boston: Mac Graw Hill.

REDORTA, J. (2004). *Cómo analizar los conflictos.* Barcelona: Paidós.

REDORTA, J. (2005). *El poder y sus conflictos.* Barcelona: Paidós.

REDORTA, J. (2007). *Entender el conflicto.* Barcelona: Paidós.

REDORTA, J. (2011). *Gestión de Conflictos.* Barcelona: UOC.

REDORTA, J. (2016). *Conflict Management.* Córdoba: Almuzara.

REDORTA, J., OBIOLS, M. y BISQUERRA, R. (2006). *Emoción y Conflicto.* Barcelona: Paidós.

REEVE, J. (1994). *Motivación y emoción.* Madrid: Mac Graw Hill/ Interamericana.

ROSENZWEIG, M. (2005). *Psicobiología: una introducción a la neurociencia conductual, cognitiva y clínica;* Barcelona: Ariel.

ROSS, M.H. (1995). *La cultura del conflicto.* Barcelona: Paidós.

San Francisco, CA.: Jossey-Bass.

SANDOLE, J.D. y otros, (2008). *Handbook of Conflict Analysis and Resolution.* UK: Routledge.

SCHANK, C. y ABELSON, P. (1987). *Guiones, planes, metas y entendimiento.* Barcelona: Paidós.

SERRANO, G. (2007). «Prólogo». En: *Entender el conflicto.* Redorta, J. Barcelona: Paidós.

SPRANGER, E. (1966). *Formas de vida.* Madrid: Selecta.

THOM, R. (1997). *Estabilidad estructural y morfogénesis.* Barcelona: Gedisa.

THOMAS, K.W. y KILMANN, R.H. (1974). *Thomas-Kilmann Conflict Mode Instrument.* Tuxedo, NY: Xicom.

THOMPSON, D, (2000). *Sobre el crecimiento y la forma.* Madrid: Cambridge U. Press.

URY, W. (2000). *Alcanzar la paz.* Barcelona: Paidós.

WILSON, E.O. (2012). *La conquista social de la Tierra.* Barcelona: Penguin Random House Mondadori.

YARN, D. (1999). *Dictionary of Conflict Resolution.* San Francisco, CA.: Jossey-Bass.

AGRADECIMIENTOS

Tengo deuda de gratitud con aquellas personas que se tomaron la molestia de leer el original y hacerme sugerencias muy útiles. Algunos como Josep Gajo y Núria Villanueva están siempre en la mejor disposición y reconozco mi abuso de sus puntos de vista. Pero esta vez, me han hecho el honor de opinar muy libremente y con rapidez Paulino Fajardo, Ana Martín, Leticia G. Villaluenga, Montserrat Mir y Josemi Valle. Carme Barbany del Ayuntamiento de Granollers también contribuyó en la fase final del libro.

Los gráficos han sido cosa de Carla Llorca, con su reconocida habilidad en el teclado, que siempre me da tranquilidad.

La revisión lingüística ha corrido a cargo de Montserrat Lorente. Su colaboración habrá evitado un buen número de errores, con toda seguridad.

Mi esposa y fiel lectora Anna Soldevila estuvo, como siempre, resolviendo esos detalles que perfeccionan un texto.

Los lectores de mis anteriores obras me fueron dando, ocasionalmente, amables observaciones que agradezco y que he intentado recoger con la oportunidad de este texto.

Mi traslado a Granollers (Barcelona), mi ciudad natal, me ha permitido un entorno muy agradable para escribir. Concentrarse en temas complejos no siempre es fácil.

Editorial Almuzara con Manuel Pimentel al frente, me ofreció de nuevo la oportunidad de que el texto vea la luz. Mi reconocimiento a todo el equipo.

Me queda expresar otro sentido agradecimiento a las personalidades que han prologado el libro. Hacer huecos en las agendas de Josep Mayoral y de Ramón López de Mántaras ha requerido un verdadero esfuerzo de su parte, que ha permitido cumplir los requerimientos de plazos. Su interés en el tema está fuera de toda duda.

Si entre todos hemos podido poner un granito de arena en la causa de la paz, me doy por satisfecho.

Granollers, setiembre de 2017